いのちを学ぶ・いのちを教える

近藤 卓＝著

大修館書店

まえがき

私たちを取り巻く環境は、音を立てて変化しつづけている。生活が楽しくできる方向へ向かっているのだろうか。ストレスが少なくなるように変化しているのだろうか。暮らしがゆたかになっていくのだろうか。

たしかに洗濯は洗濯機で簡単にできるようになった。冷たい水で、手にあかぎれを作ることもなくなった。米を炊くことも、手軽になった。スイッチひとつで、好みの時間に炊き上げることができる。スーパーマーケットに行けば、いつでもどんな野菜でも果物でも手に入る。歩いたら何日もかかる距離を、数時間で移動できるようにもなった。すべて、私たち人間が手にした科学技術の成果である。しかし、これらは私たちが本当にのぞんでいたことなのだろうか。

小学生のころの私は、いわゆる科学少年だった。模型飛行機を組み立てては、揚力の原理や効率などを研究した。モーターと発電機が同じ原理で動くことを知って、それらを組み合わせて永久機関が作れないかと真剣に考え込んだ。目覚し時計や置時計はいくつ分解して壊してしまったかわからない。ラジオも分解したし、組み立てもした。遠くの人と話ができたら素晴らしいと思った。糸電話の不思議に感動した。やがて、糸のように細いエナメル線を張り巡らせて、電気の力で数百メートルはなれた友達の家と私設の電話回線をひいたりもした。つぎには、小さな真空管と大きな電池を使って、特大の弁当箱ほどのワイヤレスマイクを組み立てて、電波で音声を飛ばした。感動的な体験だった。

しかし、そんな45年前の少年の私が夢想した21世紀の未来社会は、携帯電話が街にあふれる、この社会だったのだろうか。はたして、私たちはゆたかになったのだろうか。なんでも手軽ですばやくできることが、ゆたかな証なのだろうか。私のこうした問いかけは、子どもたちの心の底の素直な思いと呼応しているように感じられる。

昔に比べて「いのち」への思いが希薄になったと、私はけっして思わない。昔から人間は残酷だったし、戦争もあれば人殺しもあった。昔のほうが良かった、などとけっして考えてはならない。歴史をちょっとひもとけば、そのような発想は生まれないはずである。

しかし、いまほど「いのち」を考え、学び、教えなくてはならない時代はない。そのことに間違いはないと思う。それは、「いのち」への思いが希薄になったためではなく、私たちを取り巻く環境が変化して、人間存在をおびやかす度合いが強まったからである。「いのち」への思いを強化しつづけないと、目先の便利さや見せ掛けのゆたかさに目をくらまされて、

「いのち」の大切さを見失ってしまいかねない。

子どももおとなもが一緒になって、意図的に「いのち」を学びあい、教えあうべきときが来たのである。私は、本書がその第一歩を踏み出すための、道標となることを願っている。

本書は大きく二つの領域から構成されている。前半の第4章までは、子どもがいのちを学ぶ意味や、学ぼうとするときの意識などについて考えた。後半の第5章と第6章は、おとなの側が意図的にいのちを教えようとする場合の、考え方や方法について議論した。つまり、前半には子どもの視点で「いのちを学ぶ」ことが、後半はおとなの視点で「いのちを教える」ことが書かれている。書名を『いのちを学ぶ・いのちを教える』としたゆえんである。

「呼んでいる　胸のどこか奥で
いつも心踊る　夢を見たい
・・・・・・
生きている不思議　死んでいく不思議
花も風も街も　みんなおなじ」

この歌に乗って、少女は生き、歩き、駆け抜けた。10歳の少女が生きている不思議を思い、死んでいく不思議に胸を締めつけられる。映画「千と千尋の神隠し」が、あれほどに多くの人びとの共感を得た理由は、まさにここにあるのだと思う。この映画が、だれもが「いのち」の不思議とはじめて向きあう10歳のころの、その不安と苦しさと悲しさとさみしさ、そして喜びを描いているからである。

本書を読み終わったとき、読者の皆さんが胸ふるえる思いで、もう一度「千と千尋の神隠し」と、「スタンド・バイ・ミー」と、「となりのトトロ」と、そして「ハリー・ポッター」と再会してくださることを願いつつ。

いのちを学ぶ・いのちを教える　目次

第1章＊いのちとは

1 いのちの意味

「いのち」を考えるときの視点はふたつある。ひとつは、ある人のその瞬間のいのちの広がりと意味を考える視点である。その際、統合的・全体的に見ることが重要だが、便宜的にいくつかの側面に分けて考えることもできる。身体的、心理的、社会的ないのちの側面を考えるのである。いのちを考えるときのもうひとつの視点は、人生の時間の流れに沿った見方である。つまり、受精・受胎・誕生から死までの無数のできごとにおけるいのちの意味を考える視点である。

ここではまず、第1の視点について考えておくことにしたい。人間が身体的な存在であることにまちがいない。精神だけが空中に存在しているのではないからである。精神と肉体は切り離すことはできない。そうした人間が他の人間と出会い、社会関係が形成されていく。そして逆に、社会関係をまったく持たない存在は、人間になりえない。いまやこうした考え方は、多くの人々に当然のものとして受け入れられていると思われる。ところが、「いのち」や健康あるいは死の問題に照らしてみた場合、これが意外に自明のものともいえないのである。

たとえば「死」といった場合、まず連想するのが身体的な死である。脳死や心臓死あるいは安楽死などについての議論も、結局は身体的な死を論じている。身体的に生きているか死んでいるか、どこからを死とするかといった議論である。しかしながら、前述したように私たちは身体のみで存在しているのではない。だから身体的な死、身体的な健康、身体的ないのち、だけを考えてみても不十分なのである。精神的な意味での死、精神的な健康、精神的ないのち、というものが十分議論されているだろうか。そもそも、精神的な意味での死とはどういうことか、といった発想さえ欠け落ちているのではないだろうか。同様に、社会的な死、社会的な健康、社会的ないのち、についても深く考える必要があるのである。

現代社会においては、あらゆるところにゆがみやひずみが生じてきている。私たち自身の内面や健康面にも、ゆがみがきているように思う。心身のバランスや、衣食住のあらゆる側面において、ゆがみやひずみを助長するような力が働いている。個々人の心身のゆがみやひずみだけでなく、人と人の関係のあり方、そして人と集団・社会との関係にも、さまざまなひずみが生じている。つまり、前述の言い方で言えば、社会的な健康が損なわれているのである。旧来の関係のとり方では通用しないような、新しい人間関係のあり方を模索していかなくてはならないのかもしれない。おとなは、すでに身につけている従来のやり方を押しとおして生きていくのも、ひとつの手かもしれない。開きなおって、「私たちは今までこうしてやってきたのだから、これからもこれで行く」と貫きとおすのである。

ところが、これでは子どもたちは困ってしまう。人とのつきあい方を教えるはずのおとなたちが自信を失っていて、きちんと教えられないでいる。子どもたちが自信を持って進んでいける道が、目の前に見えてこない状態なのである。

別のところでも紹介したことがあるが、最近私は人間関係のひずみを感じさせるひとつの象徴的な体験をした。大学のゼミでのできごとである。

暑い夏の日のことだった。すこし疲れてきたので、休憩をとることにした。ひとりの女子学生が、学生食堂へ行ってソフトクリームを買ってきた。うらやましそうにしている仲間の女子学生たちに、「食べる?」と声をかけた。そして、順番に何人かの学生が、ひとつのソフトクリームをなめあっている。その光景が、私にとってはほほえましくもあり、また反面ひとつの食べ物を抵抗なく口にし合っている様子が、なんとなく奇異な感じにうつった。

事件はその直後に起こった。私がじっと見つめていることに気づいた彼女は、いきなり「先生、食べる?」と私の方へソフトクリームを差し出したのだ。これは私にとって、ちょっとした事件だった。

人と人のあいだにある距離というものは、じつに微妙なものである。その関係の種類と程度とによって、私たちは相手との距離を微妙に調節しながら暮らしている。夫婦の関係と、恋人同士の関係は違う。「友だち以上、恋人未満」というキャッチ・フレーズが商品広告でメディアから流れていたことがあるが、これは友だちと恋人はちがう距離感のつきあいであることを示しているのであろう。そうした微妙な距離感をつかむことができ、かつそのように行動できることが社会人として求められるスキルである。

ところが、前述の女子学生のような例が、私たちの周りにはいくらでも存在するのである。そもそも、成人に達している女性同士が、ひとつの食物を直接食べあうことが、私には若干、不自然に思える。私の感覚では、恋人同士なら許せる。彼女たちが同性愛の恋人同士かというと、そうではなさそうなのである。ただ、たまたま同じゼミを履修してクラスメートになったにすぎない友だち同士では、やはり不自然だと思うのである。

2 いのちを学ぶ

人間関係は微妙な距離感のバランスの上になりたっている。私は20年来、スクールカウンセラーをやっている。カウンセリングの現場で体験するケースの多くは、こうしたバランスをうまく取れないことが、病理の背景になっていることが少なくない。相手との関係性や役割・立場、年齢や性別などさまざまな要素を考慮した上で、ほとんど無意識のうちに適切な距離を計算し、そのための行動をとる。くだけた口調や態度で距離を近づけたり、ていねいな言い方やかしこまった様子で距離をとったりするわけである。

こうした作業をほとんど無意識のうちにおこなっているので、通常はあまり気にならないしエネルギーを使うこともない。ところが、ひとたびこのことを意識し始めると、これほどエネルギーを要したり、ストレスを感じさせる作業もない。

ゆがみは、こうした私たちの心身やお互いの関係性といった、目に見えるところにだけあらわれているのではない。表面にあらわれない、心の奥底の深いところに空洞が生じ始めているようにも感じられる。魂とか霊的、あるいはスピリチュアルと表現すべきような、心の深いところの働きの空洞化である。

私はなぜここにこうして存在しているのだろうか。私たちはなぜこうして出会ったのだろうか。なんのために生きているのだろうか。どこへ行こうとしているのだろうか。

こうした疑問は、際限もなく尽きることがない。そして同時に、その答えは容易に得られるものではない。ある人は宗教の教えによって、またある人は哲学的な思索の結果、自分なりの結論を得て生きていく。そして、多くの人々は、一時立ち止まって思いをめぐらして、結局、明確な回答を得ないまま再び歩き始める、という日常を送っているのではないだろうか。

いずれにしても、心の深いところに生じた疑問に自分なりの回答を与えることをとおして、私たちの力をはるかに超えたものへのおそれや、絶対的・神秘的なものの存在に気づかされる。そして、自分の存在に安心を得ると同時に、生かされていることへの感謝の念が生まれてくるのだと考えられる。同時に、同じ命を持ったものとしての他者への、思いやりの念が生じてくるのだと思う。

いま私たちは、自分自身の心身だけにとどまらず、外へ向かっては互いの関係性に、内に向かっては心の深い奥の部分にまで、ゆがみやひずみが及んでいることに気づかなければならない。つまり、精神的、身体的、社会的、そして霊的(スピリチュアル)な側面において、健康を損なう状態になっていることに気づく必要がある。

そうであるとすれば、教育の視点からいえることは「心の教育」や「身体の教育」、あるいは「人間関係の教育」などを個別に検討している段階ではないといえるだろう。人間が多面的で統合的な存在であることは明白である。だから「心の教育」で心だけを修復することはできない。「心の教育」をおこなうならば、同時に「身体的教育」や「社会的な教育」そして「スピリチュアルな教育」を展開しなければならない。

それらの教育を同時に有機的な関連性をもって実施する視点を、私は「いのちの教育」と呼びたいと考えている。身体的な側面や身体的な死を連想させる「命」ではなく、統合的な存在としての人間の「いのち」を教育する必要がある。「いのち」という言葉に、多面的で統合的な存在としての人間のあり方を、問いかけようとする気持ちがこめられている。いまこそ、「いのちの教育」の発想と視点に立つことが、必要とされているのではないだろうか。そして、子どもたちが「いのちを学ぶ」ことが、いまほんとうに求められているのだと思うのである。

3　いのちを教える

前節で、いのちの教育の発想が重要であることを述べた。ここでは、ここでいうところの「教育」について、触れておきたい。

本書では、第5章で学校での教育をあつかい、第6章で家庭での教育をあつかう。いずれにしても教育という用語を用いているが、いのちの教育における「教育」の意味について、ここで共通の理解をしておかなければならないと考えている。いのちの教育における「教育」とは、通常の場面で用いられ理解されている「教育」とは種類の違う教育だからである。

学校での「教育」を思い起こしてみればわかりやすい。小学校の算数でも、中学校や高等学校での数学でも、答えは決まっている。答えの導き方にいくつかの方法があり、到達する解答はひとつではないにしても、とにかく決まっている。解答のない問題は算数や数学では出題されない。したがって、学校での授業の時間は、あらかじめ用意された答えに到達するプロセスである。しかも答えは教師がしっかり握っている。子どもたちは、教師が設定し用意した一定の枠の中で思考し試行し格闘する。そして、最終的に決められた時間のなかで、答えに到達する。あるいは到達できないとしても、答えは厳然として存在するのだ。

ところが、いのちの教育のプロセスは、すべての点でこれとはまったく異なっている。

第一に、答えが決まっているわけではない。いのちの意味、生きる意味、死の意味、それらの何ひとつとして決定的な解答はない。もちろん、多くの人々が解答を試み、思想家や哲学者そして宗教家が答えを指し示してきた。しかし、「1＋1＝2」を万人が共通に了解し受け入れるように、それらの答えが受け入れられることはない。だれでもが文句なくうなずけるような解答は、いまだかつて得られたことがないのである。

第二に、教師もともに思考し試行し格闘する仲間である。教師といえども解答をしめすことはできないから、あらかじめ解答を用意しておいて、そこへ子どもたちを導いていく、といった通常の教育のプロセスはあり得ない。そうした意味では、児童・生徒と教師は同じ地平に立っている。ともに歩む仲間なのである。

第三に、限定された時間の内に終着点に到達できることはない。一回の授業時間や一週間の時間数が決められていて、一学期の授業構成などがプログラムされたなかで、一定の成果をあげられるように考慮されているのが通常の教育内容である。しかし、いのちの問題は答えのない問題であって、あらゆる人たちが生きている限り考え続ける問題である。したがって、学校教育の中でいのちの教育を完結させることはできない。もちろん、家庭教育においても、いのちの教育を通常の意味では終わらせることはできないのである。

以上のように、いのちを教えるということは、ふつうに言われる「教える」のとは一線を画した営みである。教えるというよりは、むしろ「ともに考える」とか「ともに苦しむ」、あるいは「ともに喜ぶ」と表現するべきプロセスなのかもしれないのである。本書もそうした意味では解答を指し示すことはできないかもしれない。著者と読者がともに考え、苦しみ、喜び合う場を提供することは重要であり、そこから何らかの道が見出すことができれば幸いである。

そうした意味で、いのちを教える側にとっては、根本的な発想の転換が必要となる。親や教師は、子どもたちより少しばかり早く問題の存在に気づいている。それは間違いのない事実である。そして、さまざまな解答を試みた経験をもっている。それもたしかに大きな意味を持っている。しかし、結局のところ、決定的な解答に到達するには至っていないのである。したがって、親や教師は、自分自身の思考と格闘の経験を子どもたちに語ることはできる。ところが、ただそれだけのことなのである。そこからなにかを学ぶかどうかは、子どもたち自身が握っている。

それまであらゆる点で先を歩み、人生の先輩として子どもたちを導き教えてきた親や教師が、いのちの問題では子どもたちと同じレベルに立っていることを自覚しなければならない。そのことを知った子どもたちは、最初、親や教師を侮るかもしれない。それでもいのちを教える者として、あくまでも謙虚に取り組まなければならない。やがて子ども自身もいのちの意味の大きさに気づき、いのちの営みに頭を垂れるときがくることを信じて。

第2章＊いのちの意味を求める子ども

1　いのちの体験

「いのち」はどこにあるのだろう。心臓にあるのだろうか、脳にあるのだろうか、身体にあるのだろうか、それとも心にあるのだろうか。「いのち」は誰に宿るのだろう。人にだけだろうか、動物に宿るのだろうか、植物にも宿るのだろうか。「いのち」とはどのようなものだろうか。形あるものなのだろうか、無形のものだろうか、変化するものだろうか、それとも不変のものだろうか。

「いのち」について考え始めると、次から次へと疑問が湧いてきて尽きることがない。日が昇り風が吹き星がまたたく大自然、そして宇宙の「いのち」にまでも思いがおよぶ。こうした自問自答を、私はこれまでどれほど繰り返してきたことだろう。そして、そのたびに答えを得ることができずに、問いを棚上げにすることを繰り返してきた。

記憶に残っている、いちばん最初の問いかけは、小学校5年生のときのことだった。理科で地球の自転と公転の学習をしていたときのことである。暗幕を引いて暗くなった理科室で、先生が器具を操りながら説明されていた。中心にある100Wの白熱電球が太陽で、太陽からのびた、1mほどの腕木の先についているピンポン玉が地球である。

そのころ私は、学校の勉強が好きな少年だった。とくに理科の授業には興味があった。ときには夜に自分の部屋で、一日の授業の内容を頭の中でふりかえってみているような、そんな少年だった。

その夜も壮大な宇宙の営みについての授業の内容が、ベッドに入ってからありありとよみがえってきた。しばらくすると、部屋の四隅がスーっと遠のいていって、小さな自分の部屋が広大な宇宙空間になった。自分はベッドに横になっているはずなのに、真空の宇宙に放りだされて漂っている孤独な存在である。

そのとき急に孤独感と恐怖感がおそってきた。自分はなんてちっぽけなんだろう。自分が生きている年月と、宇宙のいとなみの長さの比較にならない違い。自分の存在には意味があるのだろうか。自分はなんのために、ここにいるのだろうか。自分とはなんなのだろう。生きている価値があるのだろうか。

そんな果てのない疑問が、つぎからつぎへとおそってきた。子どもらしく単純で、きわめてプリミティブな形ではあるが、根源的な、自分の存在そのものへの問いかけとの格闘である。私は急にこわくなり、恐ろしくなって、とにかく考えることを夢中でストップした。急ブレーキを踏みながら、ギアをチェンジし思い切りハンドルをきったようなものである。

小学生のときのこの心理的体験を、私はいま「いのちの体験」と呼びたいと思っている。

形や内容はちがっても、多くの人々がこうした体験の記憶を、思い出すことができるのではないだろうか。ここで大切なことは、ふたつある。ひとつは「根源的な問いかけとの格闘」であり、そして「考えることを夢中でストップした」ことである。

子ども時代だけでなく、成長してからも、人生のさまざまなできごとのなかで、葛藤したり挫折したりしたとき、人は人生の意味をみずからに問いかけるのではないだろうか。しばしたたずんで問いかけ、悩み苦しむ。そして、なんとか仮の結論をだして、問いを棚上げにして、また人生の一歩を進めていく。「いのちの体験」と「棚上げ」このふたつが、いのちを学ぶときのキーワードになると私は考えている。

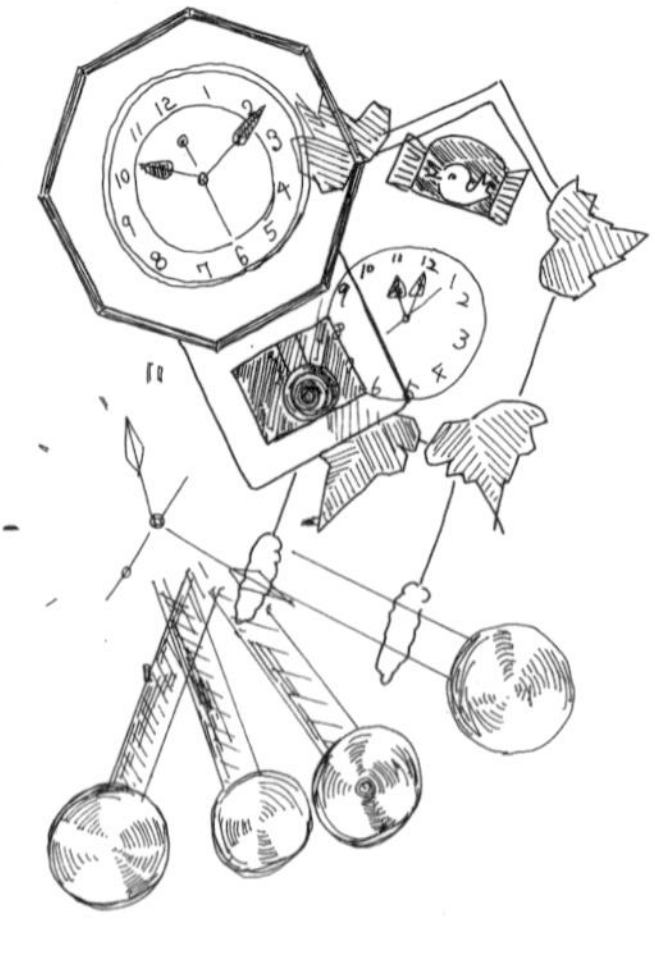

「いのちの体験」は、じつにさまざまなできごとをきっかけとしてあらわれる。家族や友人・知人あるいは動物などとの身近な死別体験、逆に身近な生命の誕生。友だちとの楽しい体験やトラブル。受験の成功や失敗。初恋や失恋。数学の問題が解けたときや解けなかったとき。異文化との接触。小説や映画や音楽、美術作品などに感動したとき。

ただ、これらは単に「きっかけ」にすぎない。子どもたちは、根源的な問いかけをつねに内包している。とくに思春期のころ、おおくの子どもたちはなんらかのきっかけで「いのちの体験」をするのである。このことについては多くの研究があるので、後の章で詳しく述べることにする。

2 いのちの秘密を知りたい

いのちの体験をきっかけにして、子どもは無限に果てのない旅へと旅立つ。どこまで行っても答えの得られない旅である。遠いかなたへ向かう子どももいる。高い空の上を目指す子どももいる。そして、深い地の底へと沈んでいく子どももいる。

その旅は、いのちの秘密を求める旅である。子どもはいのちの体験をきっかけとして、いのちの秘密を知りたいという、人間の本源的な欲求に目覚める。なぜ生きているのだろう。なぜ生まれてきたのだろう。生きていることにはどんな意味があるのだろう。いのちってなんだろう。死ってなんだろう。そんな果てのない問いかけが、子どもの頭の中を駆け巡る。そして、子どもはひとりでその答えを求めて思索を深める。

ここに、ある中学生の文章がある。新聞の投書欄に掲載された、横浜市の匿名の14歳、女子中学生の「心の闇抱えて、楽しいふりを」と題した投書である。

「心の闇」という言葉を、最近よく聞く。私は、学校では三枚目、いつも笑って楽しそうな中学生で成績は良好、生活態度もまじめである。

私は小学生のころ、ずっとひどいいじめにあってきた。学校では陰険ないじめ、家に帰れば「お前が悪いから、どこへいってもいじめられるんだ」という両親。毎日が地獄だった。夢の中まで彼らが襲いかかってきて逃げる場所がなかった。私の周りの世界はみんな私の敵だった。

その体験からか、人を傷つけることになっても私は罪悪感を感じなくなった。心が痛まない。いつも心の中心のあたりが氷のように冷たくて、靴を通して感じる地面はいつも、自分を吸いこもうと暗い口を開けているような気がする。それでも、笑うふり、悲しむふり、楽しいふりをして毎日を過ごしている。

こんな私の中に燃えるものがあるとすれば、それは憎しみだ。世界中の動くものを殺してやりたいほど憎い。でも、本当はどこかで人と仲良くなりたい、人に好かれたい、愛してもらいたいと願っているのだ。でも、その感情に素直になっては私は生きていけないのだ。私をいじめ、ばかにしてきた人たちをいつか見返して、復しゅうしてやるためにも生きていかなくてはならないと思いつつ、苦しい、苦しくてたまらない。

［朝日新聞「声」２０００年10月８日(日)］

14歳の彼女が本当に求めているのはなんであろう。復しゅうだけが、彼女の求めているものだろうか。そうでないのは、あきらかだ。復しゅうしたいと言いつつ、好かれたい愛されたいと言い、そしてその矛盾に苦しんでいる。でも、彼女は本当は強い人なのだと思う。矛盾の苦しみのむこうにある「心の闇」を覗き込みながらも、その闇の中に足を踏み入れずに、こちらの明るい世界にかろうじてとどまって生きているからだ。

彼女にとっては、いじめが「いのちの体験」だったのだと思う。そして、なぜ自分が理不尽ないじめにあわなければならないのか、なぜ誰も助けてはくれないのかと思い悩んだのだろう。その答えは、自分に価値がないからではないかとか、生きている意味がないのではないかといった否定的なものだったかもしれない。しかし一方で、利発な彼女は、果たして自分の存在だけが意味のないものだろうか、他の人たちの存在意義はどこにあるのだろうかとも考えたことだろう。そうして結局、人間はなぜ生きているのか、人間の存在にはどんな意味があるのか、という普遍的で根源的なテーマに到達したのだと考えられる。いのちの秘密を知りたい、という欲求に到達したと言い換えてもいい。

彼女はそこに「心の闇」を見ている。その発見を、とてもつらいものとして受け止めている。しかし、実はおとななら誰でもが「心の闇」の存在に気づいている。そして、それとのつきあい方をさまざまなやりかたで身につけて、生きているのである。だから彼女にはそのことを伝えたいと思うのである。いのちの教育というのはまさにそのようなことであろうし、いのちを学ぶということは「自分だけではないんだ」という、人間の普遍的な課題に気づくことなのであろう。つまりだれかと疑問や課題を共有する体験こそが、必要なのである。

ところが、ここには大きなバリアがある。それは、「いのちの体験」が個人的なものだということによっている。個人的な体験をきっかけとして、子どもたちは思索の旅をはじめてしまうと、まわりをみわたす余裕もなく道中に夢中になってしまう。前述したように、その旅はいのちの秘密を求める旅である。子どもはいのちの体験をきっかけとして、いのちの秘密を知りたいという、人間の内面のもっとも深いところへと入っていってしまうのである。いのちってなんだろう。死ってなんだろう。そんな果てのない問いかけが、子どもの頭の中を駆け巡る。そして、子どもはひとりで、さらに深みにはまっていくのである。

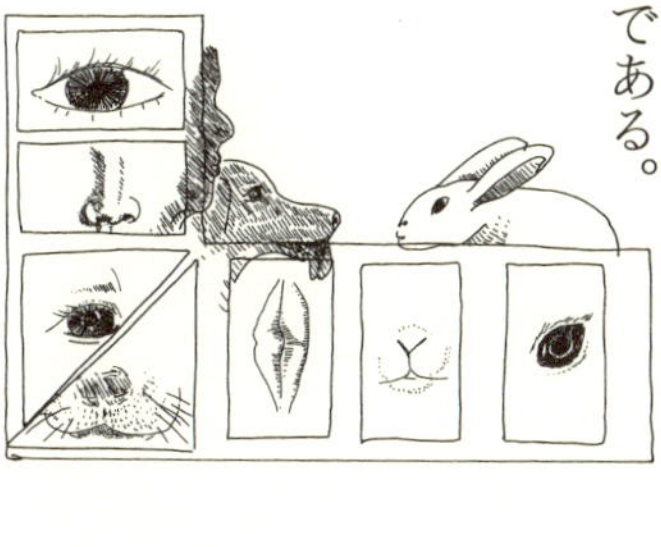

3 絶望的な方法

秘密を知りたいと思ったとき、どのような方法が考えられるだろう。人間には外界のものを感じ取り知るために、基本的には五感というものが備わっている。もちろんだれにでも五感のすべてが備わっているわけではないし、加齢によって視覚が衰えていったり、味覚が鈍くなったりするということもある。

ところが、一般的には見て知ることもあるし、聞いてわかることもある。また、匂いで確認することもできるし、触って確かめることも大切であるし、口に含んではじめてわかる味わいもある。そして五感を越えたところでの、第六感とでもいうべきものによる、説明不能な体験もあることだろう。

目の前の物理的な存在を知る方法を、すこしくわしく考えてみよう。たとえば、目の前の机の上にある置時計を例にあげてみよう。まず全体を観察して、その大きさ、重さ、色、硬さ、などの全体的な感じをつかむ。ふつう身の回りのものを知っているというときには、この程度の知り方であることも多い。さらに詳しく知ろうとすれば、大きさなどの物理的データを測定し記録していく。つぎに再度、こまかく触って確かめる。触るとどんな反応をするのか、押すとどうか、引くとどうか、回すとどうか、叩くとどうかなど、さまざまに反応を確かめる。

こうして得られた数多くの情報は、その時計という対象をいわばブラックボックスとしておいた場合の知識である。そうした情報はいくらたくさん集めても、私たちの理解はその対象の中身に迫るものではなく、あくまでもまさに対象化されたモノとしての性質にとどまる。時計は、どのようにすれば正確に動き、時を知らせベルを鳴らすか、といったたぐいの知識である。

時計はなぜ動くのか。時計はなぜ時を刻み、ベルを鳴らすのか。そもそも時計はなぜ時計としてその形をとって存在しているのか。そうした、時計の中身を知りたいという欲求は、対象をブラックボックスとしている限りは満たされることがない。その欲求を満たす方法は、ただひとつである。それは解体である。対象を解体することであり、分解することであり、解剖することである。全体として統合化された存在として丸ごと理解するのではなく、分解し解体して一つひとつのパーツにしてしまい、分析的に理解するのである。

そうすれば時計の本質は金属であり、ある種の金属のもつ弾性、あるいは電気の力が時を刻むエネルギーのもとであることが知られるであろう。本質にたどり着いた後、それへ至る道を逆にたどれば、つまり分解したパーツを一つひとつ間違いなく組み立てなおせば、もとの時計を正確に復元することさえできる。こうして、私たちは身の回りのモノを分析的に理解したうえで再構成したり、そもそも寄せ集めたパーツで必要なモノを作り上げて、そうしたモノたちであふれた外界を、支配しているつもりになっているのである。

さて、私たちのテーマはいのちの秘密を知りたいという欲求であった。いのちの秘密を知るためにも、時計と同様な方法がたどれるであろうか。いのちの秘密を知りたい、人の秘密を知りたいということは、どのような方法で実現できるであろうか。人は単なるモノではない、というきわめて明白な一点を無視することはできない。人間も物理的な存在である以上モノとしての側面は無視できない。しかし同時に、ココロを持った存在である。

エーリッヒ・フロムはその著『愛するということ』の中で、私たちは物ではないからどんなに努力しても本当の意味で自分を知ることもできない、として次のように述べている。

「私たち自身の、あるいは誰か他人の、存在の内奥へ深く踏み入れば入るほど、知りたいと思う目標は遠ざかるばかりだ。それでも私たちは、人間の魂の秘密に、つまり「彼」そのものであるような、人間のいちばん奥にある芯に、到達したいという欲求を捨てることができない。」

その欲求を捨てることができないとき、私たちにはひとつの方法があるという。しかもそれは絶望的な方法である。つまり、「他人を完全に力で抑えこむことである。力によって、その人を私の望むように動かし、私の望むように感じたり考えたりさせるのだ。それによって、その人は一個の物になる。私の物、所有物になるのだ。」自分の所有物となり物となったその人を、思うままにする。フロムは、それを突き詰めたところに、サディズムがあるという。「サディズムとは、人を苦しめたいという欲望であり、そうする能力である。人を拷問にかけ、苦しめて、秘密を白状させるのだ。人間の秘密、彼の、そして自分自身の秘密に迫りたいというこの渇望こそ、人間の残虐行為の激しさの背景にある本質的な動機なのである。」

さらに、子どもの行為にまで解釈を加えるフロムの洞察の深さは、驚くばかりである。つまり、「子どもは、しばしば、こうした方法によって何かを知ろうとする。何かを知りたいと思ったとき、子どもはそれをばらばらに分解する。動物をばらばらにすることもよくある。秘密をむりやり引っぱり出そうとして、蝶の羽を残酷にむしりとったりする。この残酷さは、もっと深い何か、つまり物や生命の秘密を知りたいという欲求に動機づけられているのだ。」

いのちの秘密を知りたいという子どもの欲求は、きわめて強烈なものである。しかし多くの場合は、自然に身につけた「棚上げ」の技術によって、秘密探索の旅はひとりで続けられることはない。だからふつうは蝶の羽をむしりとるところで、ストップするのである。ところが、ひとりで秘密探索を続けることになった子どもは、そのままにしておくと蝶からトンボへ、そしてカエル、ネズミ、ネコ、イヌと進んでいき、最後には人の命の秘密にまで到達してしまうのである。

4 いくつかの実例

　ここで、小学校高学年から中学生の年代の子どもを例にして、少し具体的に考えてみたい。後述するように、小学校高学年から中学生くらいの年齢では、自分自身の生きる意味を考えることからはじまって、生と死の意味を深刻に考えはじめるということがわかっている。

　子ども自身が、なぜ生まれてきたのか、なぜ死ぬのか、そもそも命とはなにか、死とはなにかなどの、根源的な問いに直面していく。ひとりで考えても、いくら追求しても満足のいく答えは得られない。ひとりでこの問題に取り組みはじめた子どもは、ひとりのままにされていると、果てしない暗い淵へと落ちていく。いまだ人類にとって満足の得られる答えのない問いに、年若い少年少女がひとりで取り組むわけである。その孤独感、不安感、そして絶望感ははかりしれない。

　その行きつく果てが悲惨で絶望的な結末であることは、前述のフロムのいうとおりである。棚上げをすることを学べずに、ひとりで根源的な問いと格闘をはじめた子どもは、命の秘密に迫ろうとするあまり、ついには命あるものを分解するプロセスを進んでしまい、最後には人間を対象にしてしまうのかもしれない。

このように考えると、最近の少年たちの引き起こす問題や事件の意味が、少し見えてくるように思う。たとえば、２０００年の西鉄のバスをハイジャックした、17歳の少年の事件を思いおこしてみたい。事件は、その年のゴールデンウィークの5月3日に、佐賀駅発の西鉄バスを刃物で武装した少年が乗っ取り、中国自動車道のサービスエリアで翌日の早朝逮捕されるまでの間に、複数の死傷者を出すという衝撃的なものだった。

私がこの事件でもっとも印象に残ったことは、少年の書いたという犯行宣言文の内容である。少年の両親の手記によれば、それは次のようなものであった。

「もう誰にもぼくの邪魔はさせない。僕が長い長い年月をかけて練った大切な大切な計画を貴様らは台無しにした‼ 決して許すことはできない。いつ頃から立てた計画だと思う？11歳のときからですよ。6年3組の卒業写真で僕は立って睨み付けたように写っていたでしょう。全てはあの時から始まっている。これ以上、計画の遅延は許されない。本意ではないが、、、、これで我が人生を終わらせようと思う。それにしても許せない‼ 皆殺しにしてやる‼ 殺してやる‼ 楽に死ねると思わないことだ‼ 、、、、」

〔「文芸春秋」第78巻第15号、２０００年12月〕

事件を起こしたとき少年は17歳だった。しかし、彼の心の中に芽生えた感情は11歳の時点にまで起源をたどることができると、本人が記述しているのである。少年は中学生のころ、執拗ないじめにあっていたという。また、高校生になって家に引きこもり家庭内の暴力もひどかったという。しかし、それより前の小学校高学年のころに、すでに「計画を立てていた」というのである。少年の心の深いところで何かが芽生え、ひとりで答えを求めて考え続け、彼は孤独なまま深い暗闇の底へ降りていったのである。そして暗闇の底へ到達した時が、17歳の5月3日だったのである。

ここで重要なことは、発端が小学生のころにあったということ、そして彼は孤独だったということである。いじめがあったかもしれないし、そのほかのさまざまな体験があったかもしれない。しかし、それらは彼が「いのちとは何か」を考え始めるきっかけになっただけなのである。

同じ年には17歳の少年が引き起こした事件が頻発した。愛知県では17歳の少年がかなづちで婦人を殴りつづけ、死ぬのを確かめたかったと証言して世間を震撼させた。これらの少年と同世代の少年が、14歳のときにひき起こした悲惨な事件も思い出すことができる。神戸市須磨区で14歳の中学生が小学生の男の子を殺害し、その切り取った首を校門の上に晒すという想像を越えた凄惨な事件であった。少年は人を殺すという事件を起こす以前に、動物を虐待したり殺したりしていたということもあったという。この少年の場合も、その発端は小学生のころにあったと思えてならないのである。

もちろんこれらの少年の事件について、ただ彼らの内面にだけ問題の理解の糸口をもとめてはならないだろう。マスメディアによる報道が、他の少年たちを刺激したのではないかとか、インターネット、ゲーム、マンガ、映画などの影響も無視できない。さらには、家庭や地域あるいは学校の問題、教育の問題などが深く重層的にからみあっていることは忘れてはならない。しかし、子どもたちが小学生から中学生のころ、心の深い淵を覗き込む体験をしていることは、まず念頭においておかなくてはならないのである。

5 共有の力

フロムが述べているように、いのちの秘密を知りたいという欲求は、子どもだけでなく人間にとって根源的な欲求である。しかし、前にみてきたような方法、つまり人を物としてあつかう方法は、孤独で絶望的な方法である。つまり「相手の手足をばらばらに引きちぎったとしても、それはただの破壊でしかない。」（フロム、１９９１）

それでは、いのちの秘密を知るための、生産的で希望のもてる方法はあるのであろうか。それは、フロムの言葉によれば「愛」によって与えられる。愛によって秘密を知る道筋は、つぎのようにたどられる。

「愛とは、能動的に相手のなかへと入っていくことであり、その結合によって、相手の秘密を知りたいという欲望が満たされる。融合において、私はあなたを知り、私自身を知り、すべての人間を知る。ただし、ふつうの意味で「知る」わけではない。命あるものを知るための唯一の方法、すなわち結合の体験によって知るのであって、考えて知るわけではないのだ。」

フロムはこのように明快に、愛によって秘密の答えが私たちに示されることを、希望に満ちた言葉で説明している。ここで、私はフロムのいう「愛」を、「共有」という言葉に置き換えて使いたいと思う。男女や親子の関係では「愛」がわかりやすい言葉とも思えるが、友人関係や師弟関係などに広げていった場合「愛」よりも「共有」のほうが、より適切な言葉ではないだろうかと思える。

フロムにならっていえば、相手を知りたい、自分自身を知りたい、人間を知りたい、生きる意味を知りたい、そして生と死を知りたい、命を知りたいと思ったとき、誰かとその思いを共有できれば私たちは安心を得ることができ、知りたいという欲求を満たすことができるということになる。

知りたいという欲求が満たされるのは、普通の意味で知りたい答えが得られたからではなく、欲求そのものが自然な形で消えてしまったからである。言い換えれば、「知らなくても生きていける」ということであり「知りたいという欲求が棚上げされた」ということでもある。

カウンセリングの場では、カウンセラーがクライエントの思いを共有できたとき、クライエントは救われたと感じることができる。もちろんクライエントのかかえている問題が現実的な場合、それ自体を解決しなければならない。しかし、共有の体験が、まずクライエントを救い、癒され、問題解決への意欲と生きるエネルギーをあたえるのである。

児童や生徒はクラスメートや先生と思いを共有できたとき、生きている喜びを感じることができる。教室の授業で、放課後の校庭で、子どもたちはさまざまな体験を積んでいく。そこで感じる葛藤、失望、不満、絶望、希望、喜びなど、あらゆる思いを仲間や先生と共有して子どもはそれを力にしていく。家庭では、親や兄弟姉妹との共有が大きな意味を持っている。そして、恋人は恋人同士で、妻は夫と、夫は妻との共有がなによりも大きな安心を与えてくれるだろう。

共有のチャンスは多ければ多いほどよい。共有する思いは多様であるほどよい。悲しみの共有、苦しみの共有、不安の共有、憎しみの共有、葛藤の共有。そして、よろこびの共有、歓喜の共有、楽しみの共有、愛の共有が人に生きる力と希望を与えてくれるのである。

ただ大切なことは、共有によってすべてが理解されたり、明らかにされたりするわけではないという点である。ひとつの思いを共有したといっても、自分が感じていることと相手が感じていることがまったくおなじとは限らない。自分の思いと相手の思いは違っているかもしれない。さらに言えば、相手の思いについて、私たちはあくまでも想像しているにすぎないのである。推測といってもよい。だから、ここで私たちにとって大切なものは、想像する力である。想像力がなければならない。あらゆることを、つぶさに観察したり手で触って確かめたりしなくても、私たちは想像力を働かせて対象を理解する。もちろん想像の結果、あやまって理解することもあるが、想像しなければどうにもならないこともある。なぐられれば痛い、というのは自分自身の実感としてわかる。しかし、だから相手も殴られれば痛いだろう、というのはあくまでも想像である。トンボを解体すれば動かなくなり死んでしまう。カエルも解剖すれば死んでしまう。だとすれば、実際にその先をネズミ、ネコ、イヌ、人間と順にたどっていかなくても、生き物はすべて同じなのだと、想像によって理解

できる力が必要なのである。想像力がゆたかに育っていないとき、子どもはすべてを実際に確かめようとして、絶望的な袋小路へと迷い込んでしまうのかもしれない。

繰り返しになるが、重要なことは想像力を働かせ共有の段階へ進んだとしても、それが終着点ではないということである。あらゆる関係において、共有体験が癒しとなり救いとなるが、共有体験は行動の出発点であるにすぎない。そこにとどまっていたのでは、なんの意味もない。確かな出発地点として、場合によっては戻ってきて羽を休められる場所として、共有体験が大きな意味を持つ。いのちの秘密を知りたいという根源的な欲求に対して、共有体験はひとつの答えをあたえる。あるいは安心を与えるといってもよい。そして子どもたちは、根源的な問を棚上げにして、歩をつぎへとすすめていく。子どもは共有体験の場から旅立っていくのである。

6 友だちとの共有体験

ここでは共有体験の例として、アメリカの作家スティーブン・キングの小説『スタンド・バイ・ミー』を読み直してみたい。新潮文庫から翻訳が出ているので読むこともできるが、映画化され日本でも1987年に公開されているのでそちらで鑑賞することもできる。スティーブン・キングといえば映画「キャリー」などの、一連のホラー作品で著名である。そうしたなかで『スタンド・バイ・ミー』はある種異色作ともいえるが、主題に死をあつかっている点では共通のベースがあるといえるかもしれない。

物語はゴーディという12歳の少年を主人公として繰り広げられる。彼には3人の仲間がいる。クリス・チェンバースがなかでも一番の親友で、腕力と知力にすぐれグループのリーダー格である。それにバーンという太り気味の、度の強いめがねをかけた少し動きの鈍い少年、そして父親からひどい虐待を受けて育った不良じみたテディである。この4人が、12歳の夏、つまり日本でいえば中学校入学を目の前にした休暇中のある日、1泊2日のキャンプ旅行に出かけるのである。

まず、少年たちが12歳であることに注目しておきたい。この思春期の時期は、ある意味で子どもたちの世界が大きく転換する大切な年齢である。前に述べた「いのちの体験」の時期としても、この年齢は忘れることができない。このことについては、後の章で再度詳しく述べることになる。

さて、物語にそって考察を進めていこう。（山田順子訳『スタンド・バイ・ミー』新潮文庫、昭和62年）

ある日バーンが秘密を手に入れてきたところから、物語ははじまる。その秘密とは、列車による轢死体が見つかったという噂話である。バーンは、年上の不良がかった少年たちの会話を盗み聞きしたのである。彼らは「列車に轢かれた少年を見に行って、どうしようというのか」（ｐ１４０）などといいつつ、結局キャンプの道具を持ち出して発見の旅に出かける。少年たちは、毛布とわずかばかりの食料を手にして、意気揚揚と町を後にする。

そんな中で、クリスはひそかに家から父親のピストルまでをも持ち出していた。ピストルでなにを奪い取ろうというのか。あるいはなにを守ろうというのであろうか。彼らはまさに命をかけて、死体を自分たちの目で見つけ、自分たちのものにしようとしていたのである。なぜ、それほどまでして死体を自分のものにしなければならないのか。それは12歳の彼らにとって、もっとも重大な関心事が「いのち」だからである。

クリスは複雑な恵まれない家庭に育って、町の人たちからも後ろ指を指されるような少年だった。バーンはその性格と体格と行動から、みんなから馬鹿にされていた。テディは親から虐待され身体に障害を負っていた。そして、主人公のゴーディは、最愛の兄を最近亡くしたばかりだった。いわば、ひとりでは寂しさに耐えられないかもしれないような少年たちは、お互いを必要としていたのである。いのちの意味を、深刻に問わざるを得ない状況に向き合っていたと言ってもいい。その恰好なきっかけが、轢死体だったのである。

ゴーディについていえば、最愛の兄を亡くして悲しみに打ちひしがれ、死の意味を深く考えさせられる毎日だった。そんなとき、父や母とその思いを共有できれば、彼はどんなにか救われたことだろう。しかし、親たちは親たち自身、長男を亡くしたショックから我を忘れ、残された次男を気遣う余裕はなかった。ゴーディが話しかけても、問いかけても、母親も父親も上の空で応えてくれない。そのように両親から無視され、孤独な状態のゴーディにクリスは言う。「お前の両親が無関心すぎて見守ってやれないってのなら、たぶん、おれがそうすべきなんだろうな。」（p199）

4人の少年は困難な旅を続けた。もちろんその道中は、少年らしい楽しみと悪ふざけと笑いにまみれていた。ただ、彼らは「死体に取りつかれ」そして「どうしても、死体を見たかった。見るだけの価値がある、と信じこむようになっていた。」（p226）そして、ついに轢死した少年の死体を見つけたとき、彼らはひとつの大きな山を登りつめたといってもよい。いのちの体験をとおして、おとなへの山を登ったのである。

「最初にレイ・ブラワーの死体に近づいたのは、クリスとわたしだった。死体はうつぶせになっていた。クリスがわたしの目をのぞきこむ。その顔はこわばり、きびしかった——おとなの顔だった。」（p252）

スティーブン・キングは、少年たちに轢死体を発見させるというかたちで、いのちの体験を印象深く見事に象徴的に描き出した。

「彼はそこに横たわったままだ。またひとりぼっちになった。わたしたちがひっくり返したときに両腕がおりたので、今は手足が大の字に広がっていて、太陽の光を歓迎しているように見える。一瞬、葬儀屋によって別れのあいさつのためにととのえられたどんな死の場面よりも、自然なようすに見えた。（中略）彼はわたしたちと同い年なのに、

死んでしまった。わたしはなにもかも自然に見えるという考えを、きっぱり却下した。恐怖とともにわきに押しやったのだ。」（p279）

少年たちはいのちの体験を共有することによって、いのちへの怖れや、死の不安や寂しさ、そして生きることの意味に、ひとつの仮の答えを得た。そして問を棚上げにしたのである。

7　「死の過程」といのちの体験

本章の最後として、エリザベス・キューブラー・ロスが『死ぬ瞬間』(読売新聞社)で述べた内容について触れておきたい。

この書の原題は“On Death and Dying”であり、直訳すれば「死と死にゆくことの過程について」ということになる。さらに正確に私なりに意訳すれば、「死を自覚した人が死に至るまでの過程について」であろう。このことは、1998年に出版されたこの書の新訳のあとがきで訳者の鈴木晶氏も触れており、新訳の副題を「死とその過程について」とすることで落着している。私から見ても、翻訳本の書名としての「死ぬ瞬間」というのは、どうみても誤訳あるいは不適切な表題であったと言わざるを得ない。

さて、すでにこの書は多くの読者を得ているので、内容について詳しいことは省くことにするが、ここで私が話題にしようとしているのは、「死に至るまでの過程」そのものである。ロスが明らかにしたところでは、そのプロセスは五つの段階を踏むという。不治の病を知った患者は、まず大変なショックを受けそれを否認する。そんなはずはない、自分がそのようなことになるはずがない、というわけである。しかし、種々の検査結果や身体の状態から、それが間違いのないことだとわかると、第2段階である「怒り」へと移行する。まわりの人たちや、世間に対して八つ当たり的な怒りをぶつける。ひとしきりの怒りの噴出の後は、第3段階である「取り引き」に着手する。「良い子でいるからお泊りに行かせて」とせがむ子どものように、これこれのようにするから許して欲しいとか、怒りを静めておとなしく言うことをきくから、子どもが成長するまでは生かして欲しいといった具合である。それも駄目だとわかると、第4段階の「抑うつ」が訪れ、それを経てやがて最終的な「受容」の段階をむかえ、人はおとなしく死を待つようになる。

以上がロスの言う、死の過程の諸段階である。前に述べたように、私なりに表現するならば、「死を自覚した人が死に至るまでの過程」である。もうすこし詳しくいえば、「死を自覚した人が、死を受容しあるがままになるまでの過程」ということになる。

なぜこのことにこだわるかといえば、本章でこれまで「いのちの体験」「共有」「棚上げ」として述べてきたことと、類似したプロセスのように思われるからである。いのちの体験というのは、子どもがいのちの有限性に気づき、死というものの存在におびえる体験であった。幼いころ子どもは、死を否認する。死んでも生き返るとか、身近な人は死なないといった信念の段階を経て、10歳を過ぎるころ多くの子どもがいのちの体験をし、死の不可逆性を受け入れ、自分の親も自分自身も例外ではないことを知るのである。第4章で述べるように、私たちの調査によっても、いのちの体験での不安、怖れ、さみしさなどをともなった衝撃はあきらかであった。

その後の「怒り」と「取り引き」は、ロスも言うように混沌として入り混じっており、子どもの場合その傾向はさらに顕著であろう。もちろん部分的な否認も、同時に存在している。「スタンド・バイ・ミー」の主人公ゴーディ少年の例でいえば、「なんでお兄ちゃんは僕をおいて死んでしまったの」といった怒りや、「僕がかわりに死ねばよかったんだ」「良い子にしているから、お父さんお母さん僕のほうを振り向いてよ」といった取り引きの心境である。そしてさらに、ゴーディの憂いに満ちた表情や態度は、まさに「抑うつ」を的確に表現していると言ってよいであろう。

これら「怒り」「取り引き」「抑うつ」の過程が、「共有」の段階に相当する。親や教師といったおとなたちにとって、そもそも対応のむずかしい思春期前後の子どもと、その感情を共有することは大変に困難なことである。それがじつは、「怒り」「取り引き」「抑うつ」といった、死の受容へのプロセスで生じた感情の混乱に基因していることを知るべきであろう。

さて、ゴーディの例でいえば、最後にレイ・ブラワーの死体を発見し死を直視し、そのときの思いをクリスたちと共有したとき、「棚上げ」が完了したのであった。ロスの言葉でいえば、「受容」ということになる。もちろん自分自身の目前の死を受容したのではないが、

「その顔はこわばり、きびしかった――おとなの顔だった」（p252）というとおり、死の存在をはっきりと知り受容したのである。

驚くべきことだが、ここであきらかになったのは、ロスの言う「死の過程の五段階」が、類似あるいは近似した形で、子どもの「いのちの体験」においてすでに体験されているということである。

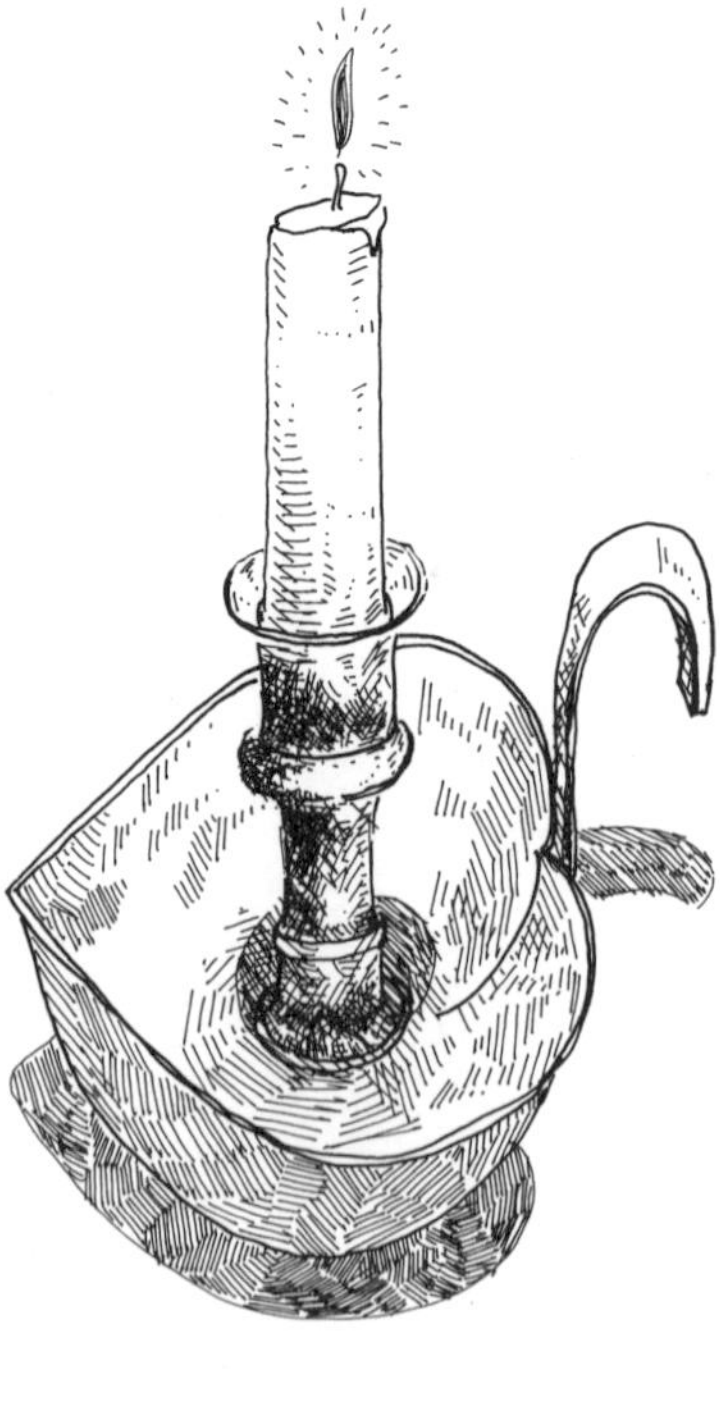

第3章＊いのちを確認する子ども

1　見つめて欲しい

❖見つめられ欲求

子どもに限らず、人は誰でも他者から無視されることを恐れる。その場にいるのに会話の中に入れない、あるいは意図的に排除される。また、道ですれ違っても、目を合わせず無視される。こうした陰湿ないじめの形態は、外部から見てわかりにくいこともあって、その被害は深刻なものとなる。無視されることを恐れるあまり、自分の存在を過剰にかつ頻繁にアピールする。

たしかに社会的な動物としての人間にとって、他者との関係が途絶えることは大きな不安と恐怖を生み出す元である。しかしながら、攻撃は最大の防御とばかり、関係が途絶える不安にかられて携帯電話でただメールを送りつづけるとしたら、それは行きすぎた行動といえるであろう。

私は20年程前から中学生や高校生を対象としたスクールカウンセリングに携わってきたが、そのなかで彼らの見つめて欲しいという、切実な欲求を感じている。意図的ないじめで無視された子どもが、カウンセラーに見つめて欲しいという気持ちを向けてくることは理解できる。しかし、そうではなく、とくにいじめの被害者というわけではなく、日常生活の中で自分の存在感が希薄なために、見つめて欲しいという気持ちが満たされず、それを埋めようとカウンセリングに来る子どもが少なくない。

こうした実感が強くなっていく中で、私は子どもたちが向けてくる気持ちを「見つめられ欲求」と名づけ概念化した（近藤、『見つめられ欲求と子ども』大修館書店、１９９０）。見つめられ欲求は一種の独立欲求・分離固体化欲求といってもいい。つまり、ひとりの独立した人間として全体をまるごと見つめて欲しい、存在を知って欲しいという欲求である。そのためには一定の距離をとって、離れたところから見つめられることが不可欠である。距離が近すぎては、人間としての存在の全体を見てもらうことができない。したがって、相手に甘えたいという気持ち、つまり甘え欲求にみられるような、依存的・一体化的な方向性とは一線を画するものなのである。

私の考えでは、見つめられ欲求は甘え欲求とセットとなって、身近な他者との対人欲求を構成している。他者との心理的距離を適切に保つことが、心理的・社会的に健康な生活にとって不可欠であるが、その際に、見つめられ欲求は相手との距離をとって離れようとする方向にベクトルが働き、甘え欲求は相手との距離をつめて一体化しようとする方向のベクトルとして働く。つまり、この二つの相反するベクトル、いいかえれば遠心力方向と求心力方向の力がバランスをとって、二人の心理的距離は適切に保たれるのである。

最近、見聞したことであるが、駅ビルのおしゃれな料理教室が若い女性たちで賑わっているという。料理教室へ通うその女性たちの心理を推測してみよう。生徒として通っているのは、他の場面では自分の家庭での役割や、独自の仕事を持って活動している人たちかもしれない。ところが、ひとたび生徒として教室へやってくると、そこには専門家の先生がいるので、自分の専門ではない料理という領域では、すなおに無知で幼い部分をさらけ出すことができる。心理的にいえば、一種の退行を自然な形で実現することができる。しかも、そこでのテーマは食である。モノを食べる場ほど、人を退行させ無防備にさせる状況はない。そして、そのときの対人心理は、甘え欲求が前面に出るのである。すなおに先生に依存する幼い少女になって、甘えているのである。しかし、当然全面的に甘えることはできない。それぞれが一人前の自立した女性たちなのである。化粧をし、おしゃれをし、他人の目を気にしつつ甘えるという、微妙なバランスを楽しんでいるのではないだろうか。近代的なビルの一室でくりひろげられる女性たちの料理教室は、じつはそうした退行によって自分を解放し、日常のストレスを癒すには絶好の場所になっているのかもしれない。

これはひとつの例にすぎないが、子どももおとなもすべての人たちがあらゆる場面で、この「甘え」と「見つめられ」のふたつの欲求のバランスを保ちながら暮らしているのだと思う。極端な「甘え」あるいは「見つめられ」への偏りを見せずに、人々は生活している。バランスをとることはふつう無意識のうちに、比較的やすやすとできている。ときとして、そのことに注意が集中したり、意識せざるを得ない状況に置かれると、存外ひとは容易にバランスを崩す。たとえば泥酔したときに、見られていることを忘れ無防備で自己中心的な赤子のようになる人がいる。ぎゃくに見つめられることだけに執着し、派手で常軌を逸した服装と行動をとる人がいるのである。

✣外見が大切という子ども

前にも述べたように、カウンセラーである私に向けられるクライエントの欲求として、見つめられ欲求が強く印象づけられるようになってきた。それはなぜなのかを考えてみたい。

ひとつには、家庭生活での親子関係に原因を求めることができる、と私は考えている。ある年齢に達したとき、親が子どもをきちんと見つめることがあれば、子どもは安心して成長していくことができる。見つめるということは、相手を独立した存在として認めるということであり、一定の距離をとるということでもある。ところが、ある親は、いつまでも見つめることよりも甘えさせることに熱心で、子どもを独立した存在として突き放すことがない。また、ある親は、きちんと見つめることもない代わりに、甘えさせることもない。さらに、別の親は、しかるべき年齢に達する前から、見つめることに重点をおきすぎている。こうした親の接し方から、子どもの順当な見つめられ欲求の発現が妨げられ、バランスの崩れたあらわれかたをしていると思われるのである。

ここにひとつの研究報告書がある（深谷和子他「子どものやせ願望～見た目を気にする子どもたち」ベネッセ教育研究所、モノグラフ・小学生ナウ vol.21－2、2001年11月）。この研究調査は、東京都と埼玉県の小学校4年生から6年生1、097名（男子557名、女子540名）を対象としている。

子どもたちに、自分の体で気になるところ、体重・身長についてどう思うか、やせたいと思ったこと、ダイエットの経験、化粧したいか、おしゃれについて、服装や自己像についてなどをたずねている。

その結果の一部をみてみると、できればやせたいと思っている子どもは男子で39・6％、女子では60・3％もいる。その理由としては、健康に良いからや速く走ったりできるからなどの回答は男子のほうが高いのは理解できるとしても、女子では「見た目がいい(カッコいい)から」が82・0％もいることは注目に値する。また、やせ願望の強さで「やせたい群」と「やせたくない群」にわけて、日常のストレスや見られたい気持ちとの関連をみている。すると「やせたい群」のほうが、ストレスの度合いが強く、見られたい気持ちが強いということである。逆にいえば、ストレスの多い子どもは自分自身の見た目を気にし、人目を気にしているということになる。

こうしたおしゃれ願望や見た目重視の傾向は、この調査の対象のような思春期前後の子どもなら、ある程度は自然のことのようにも思われる。しかし、最近ではこの面でも低年齢化が進んでおり、一部の報道などによると、小学校低学年や幼児の段階での化粧やおしゃれが広がっているという(朝日新聞家庭欄「お作法、不作法～どう思う? 子どものおしゃれ」2002年2月23日朝刊)。

こうした低年齢化が進んでいることから考えると、その原因として推測されるのが、ひとつは前にも触れた親の子どもへの態度の問題性である。そして、もうひとつはメディア、とくにテレビの影響である。さらにいえば、このふたつは相互にからみあっているといえる。今後、メディアにさらされる状況はますます増えることはあっても、減ることはないと考えられる。したがって、子どもたちにとって大切なことは、自分でコントロールして取捨選択して、メディアからの情報を取りいれる能力を身につけることである。

　そこで重要になってくるのが、親の果たす役割である。子どもが勝手にメディアと直接接触する段階になる前に、親が一緒にメディアを視聴することである。そこで親が子に、良いものと悪いもの、必要な情報と不必要な情報、意味のある内容と害のある内容などの峻別の視点を教えていかなければならない。そうでないと、子どもはただ単に興味本位にメディアと接触しつづけ、振り回されることになる。

　その結果のひとつが、見た目重視の低年齢化といった現象と考えられるのである。

2　自己確認、自尊感情

❖自己意識のめばえ

自分で自分をどうみるか。私はどんな人間なのだろう、ぼくはどのような人間なのだろう。こうした問いかけは、子どもにとってだけでなく、おとなにもあらゆる人びとにとって普遍的で根源的な課題である。また、この問いは、一見、自問自答の形をとっているが、じつは他者の目をとおしての自分の姿を見ようとしているともいえる。やや硬い言い方をすれば、自己像のあり方についての問題である。いずれにしても、ここで自己意識とか自己概念あるいは自己認識などの、いわゆる自己理解がどのように進み発達していくかについて、少し議論を深めておく必要があろう。

「自分をどう見るか」という場合、ただ客観的にあるいは物理的に身長・体重や容貌をみているだけのこともあるかもしれない。私は背が高いあるいは低い、太っているあるいはやせている、整った容貌をしているあるいはしていないなどを、ただ単に客観的な事実として記述するのである。しかし、それがどのような意味をもつのであろうか。たぶん多くの場合は、その背景になんらかの評価、とりわけ他者の評価を規準にした自己評価がふくまれているのではないだろうか。

そもそも自己を意識するということは、どういうことであろうか。犬と暮らしている人なら周知のことかもしれないが、犬は鏡にうつる自己像を見て、それを自分自身の姿であると意識できてはいないようである。犬と人間には共通してできることも少なくないが、できないことも多い。たとえば言葉である。私たちは象徴化された高度に構成された言語を使う。彼らも、「ウー」とか「グー」「ミュー」などの声で甘えや寂しさを表現するし、「ワン、バン」などと怒りをあらわしたりする。よくよく注意をして彼らと会話をしてみればわかるように、動物とはいえ犬たちは、相当に複雑で多様な表現形態を有している。しかし、なんといっても彼らは残念ながら、ただ単に感情の直接的な表現としての声を発しているのであって、その発声がモノを象徴する記号として発せられているのではない。言葉の場合と同様に、鏡に映る自分を認知できるかできないかの点は、大いなる相違点といえるように思う。いいかえれば、私たちの持っている自己認知・鏡像認知の力というものは、なみなみならぬものであるということである。

さて、この鏡像認知についての研究が、幼児を対象としておこなわれている。川瀬は、1歳から2歳くらいの乳幼児の鏡像認知は3つの段階を経て発達するという研究を紹介している（「自己意識」『パーソナリティ形成の心理学』福村出版、1996）。それは、

①　鏡に映った玩具や他者の像を認知できる段階
②　自分の像あるいは自分自身を指摘できる段階
③　鏡像を見て自分の名前が言え、顔についたルージュに気づく段階

という具合に発達するという。こうした鏡像認知は人間だけに特有なものではないというが、とにかく鏡に映った他者の姿を認知する段階を経て、自分の姿を理解するようになるということは興味深い。川瀬（１９９６）はこの間の事情を、「自分に見えている他者のように、自分も他者に見えているという気づきは、まさに客体としての自己意識の成立である」とまとめている。

ここでみてきたのは、自己意識における通常の発達のプロセスである。しかし、現代の若者たちを見ていると、こうした気づきによる自己の客体化が行きすぎているように思われるのである。その結果、人が自分をどう見ているかという自分自身による推測が、いきすぎてしまっているように感じられる。もはや彼らは、異性の目だけを気にしてファッションにエネルギーを使うのではない。彼らは同性の視線を非常に重要視している。そして、いまや彼らにとってもっとも大切なのは、客体化されすぎた自分を、自分でどこまで評価できるのかという、自己評価の視点なのである。

❖自己評価と自尊感情

自己評価を厳しくつきつめていくと、多くの場合、さまざまな自分のアラが見えてくる。青年にとってうぬぼれることは大切である。うぬぼれに浸っているときは、アラが見えずその存在を忘れている。実際、多くの青年はうぬぼれているからこそ、さまざまな困難に立ち向かっていけるのであろう。しかし、うぬぼれと自信喪失は、紙一重で並存している。彼らはあやういバランスのもとで生活しているのである。

さて、自己評価における感情的な側面としての自尊感情は、現代の子どもたち青年たちの問題を解き明かすキー概念である。私自身がカウンセラーとして向きあっている子どもや青年たちにみられるのは、自尊感情の希薄さである。あるいは自己肯定感の不確かさといってもいい。自分がいまここに存在していることに自信が持てないでいる。生きていてよいのだろうか、生まれてくる価値があったのだろうか、これからも生きつづける価値が自分にはあるのだろうか。そうした疑問にうなずくことができないで、自問自答しつづけている。

このことに関連してポジティブ・イリュージョンという興味深い概念がある(外山ら、2000)。それは、アンケート調査の結果から出てきた概念であるという。ある集団のメンバーを対象に聞いてみると、大多数の人が、自分は他の平均的な人たちより病気や事故にあう可能性が低い、と考えているというのである。考えてみればあきらかなように、こうしたことは論理的にありえない。ようするにポジティブな幻想（イリュージョン）なのである。

しかし、ここで大切なのは、こうした一種の幻想を抱いているからこそ、人は困難な日常生活を暮らしていくことができるということである。また、やがて自分も老いていき、そして死を避けることはできないということを「事実」としては知っていても、ポジティブな「幻想」を持っているから生きていけるともいえるのではないだろうか。ところが、私がカウンセラーとして出会うクライエントたちは、そうした「幻想」を持てずにいる。「事実」を事実として、真に受けてしまっているといってもよい。彼らはまじめすぎるのだとか、融通がきかない固いパーソナリティの持ち主なのだ、などと言いきってしまうだけでよいのだろうか。

人間というものは、「幻想」を持っていなければ生きていけないほど、弱い生き物なのではないだろうか。生まれたとき、「あー、やがていつかは死んでしまうのに。それも知らずにこの世に生まれ出てきて。かわいそうに」と親にいわれた子ども、というものを想像してみてほしい。そんな子どもなんて、めったにいるものではないというなら、つぎのような子どもはどうだろう。幼いころから、幻想を持たされずに暮らしてきた子ども。夢中になって走ったり転んだり、叫んだり泣いたり笑ったりしなかった、あるいはできなかった子どものことを想像してみて欲しいのである。彼らはきっと、ポジティブなイリュージョンを持つことができないであろう。ポジティブな幻想、無限の未来と可能性を信じるという幻想をもてない子どもは、悲惨である。

大多数の子どもは、望まれて生まれてくるであろう。そして、「よく生まれてきたねえ。生まれてくれてありがとう」という思いで、親たちは赤子を迎え入れる。そのメッセージは、さまざまな形で親から贈られたことであろう。そうして贈られたものこそが、子どもの自尊感情の基礎をなして、その子の内のもっとも奥深いところで、その後の人生を支えつづけるのである。

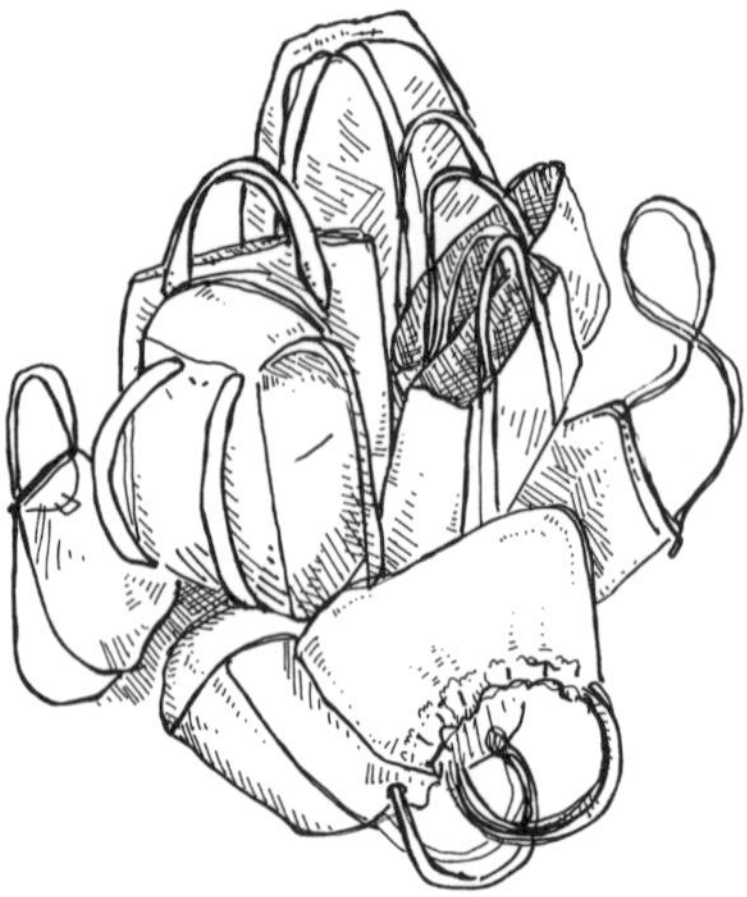

3 欲求の混乱

前に見つめられ欲求と甘え欲求についてふれた。ここでは、それらを中心としたさまざまな欲求の、発達的な変化について考えてみたい。

幼いころは甘え欲求を主とした関係で、まわりの人間とかかわりをもっている。とくに、親との関係で考えてみると理解がしやすい。甘えが強くでており、見つめられたいという気持ちはそれほど強いものではない。一日の生活でいえば、その大半は甘え欲求を満たすことで終始し、ほんのわずか見つめられ欲求が満たされれば十分である。ぎゃくにいえば、幼い子どもであっても見つめられ欲求は無視してはならない。やはり、一人の独立した存在として認めることが、少しはなくてはならないのである。

そして、おとなになった私たちは、見つめられ欲求を満たすことを主として人とかかわっている。一日の社会生活の中で、人のエネルギーの大半は見つめられ欲求を満たすことに費やされる。朝起きて、顔を洗い歯を磨き、化粧をし身支度をととのえる。これらはすべて、人に見られることを前提とした行為であろう。また、職場では自分の仕事がまわりからどのように評価されるか、そのことが大いなる関心事となる。つまり、見つめられ評価されることに、私たちは多くのエネルギーを使っているのである。それは親との関係でも同じことで、成人してからでも親に甘えを強く出すとしたら、そこにはなにか病理があると見るべきであろう。つまり、おとなになってからの私たちは、親に対しても見つめて欲しい、ほめて欲しいという気持ちを向けている。

しかし、だからといって、おとなになるとまるで甘えないかといえばそうではない。おとなになっても見つめられ欲求にくらべれば少ないが、甘え欲求も厳然として存在する。幸せな結婚生活をしている人ならば、一日の仕事を終えて帰宅してからの夫婦でのかかわりのなかで、たがいの甘え欲求を満たす時間が得られるであろう。もちろん、ここでも見つめられ欲求も不可欠である。つまり、夫婦の間でたがいに相手の見つめられ欲求に応える態度が欠かせない。しかし、どちらかといえば夫婦の間では、甘えに重点が移るのが自然であろうと考えられるのである。

さて、幼い子どもとおとなになってからのことは理解ができた。残されたのは、思春期・青年期のころのことである。この時期は、ふたつの欲求の曲線がクロスして、欲求の重点が入れ替わる時期である。同時に同じようなレベルで、ふたつの対人欲求が存在するといってもよい。それまでの子ども時代は、甘えが中心であった。その結果、まわりのおとなとしてみれば「甘えさせておけばまず間違いない」、という接し方が中心となっていた。ときどき見つめられ欲求が向けられてきたとき、それに応えればよかった。

ところが、思春期・青年期においては、ふたつの欲求が同じほどの強さで存在し、それらが交互にこちらに向けられる。いま甘えてきたと思ったら、つぎの瞬間に見つめて欲しいというのである。対応する大人の側としては、そう簡単に即座にスイッチできない。甘えてきたので、受け入れて甘えさせてやろうと体勢を整えて、「さあ、どうぞ」と向かい合うと、そのときはもう見つめられ欲求が顔を出していたりするのである。また逆に、独立した存在としてしっかり見つめて話を聞いて欲しいと言ったかと思うと、直後に甘えてきてただ黙ってそばにいて欲しいと言ったりする。したがって、対応するおとなとしては、相手のその瞬間瞬間の欲求を見極め、即座にそれに応えるということが必要になってくる。

こうしたふたつの対人欲求の混乱だけでも、理解や対応はきわめて難しい。そのことから、思春期・青年期のわかりにくさや、情緒の不安定さ、あるいは疾風怒涛の時期などと言われることがでてくるのであろう。ところが、この時期の難しさの原因はそれだけではない。フロイト流にいえば、それまでの性欲の潜伏期が終わって、性器期がはじまるのである。そもそも第二次性徴の発現の時期であり、精通・初潮のときでもある。つまり、性的な欲求が強く意識されるようになる時期なのである。

急激に高まりを見せ、強くなっていく性的な欲求が他者に向けられる。それだけではなく、他のふたつの対人欲求も強く存在している。つまり、三つの欲求が彼らを突き動かすのである。自分が目の前の相手に向けている欲求が、三つのうちのどれなのかが、自分でもよくわからない。相手にとっても、当然、判別がつかない。甘えたい気持ちと、見つめられたい気持ち、そして性的に満たされたい気持ちが同時に相手に向けられる。

ひところ少女の売春が、社会的に大きな関心を呼んだ。そうした少女たちの気持ちを推し量ってみると、そこにはいま述べた三つの欲求の混乱が見て取れるように思われる。まだまだ甘えたい気持ちが強い中学生や高校生だが、十分家で親に甘えることができない。まわり

の仲間やおとなや先生から、一個の存在として見つめられ認められたいという強い欲求。そして、性的な興味や関心と強い欲求。これらの三つの要素がからみあって、少女たちが売春という罠にはまってしまったように思えるのである。父親ほどの年齢のおとなの男が、やさしく話を聞いてくれたり抱きしめてくれる。性的にも欲求を満たしてくれる。そして金銭をもあたえてくれ、それによってモノを手に入れ、自分をまわりから見つめられる存在に、仕立て上げることができるのである。

しかし、実のところ彼女は、ただ単に誰かに甘えたかっただけなのかもしれない。また別の少女は、ただしっかりと見つめて欲しかったのかもしれないのである。

4 孤立感の克服

いのちを確認するために、人は見つめられることや甘えること、あるいは性的な関係を求めることもあると述べた。ここでもう少し話を広げて考えてみたい。

エーリッヒ・フロムはその著『愛するということ』（紀伊国屋書店、１９９１）で、愛によっていのちについてのすべての答えが得られると述べている。人間のもっとも根源的な不安は、彼の言葉によれば「孤独」にある。さらに彼は言う。「人間のもっとも強い欲求とは、孤立を克服し、孤独の牢獄から抜け出したいという欲求である。この目的の達成に全面的に失敗したら、発狂するほかはない。なぜなら、完全な孤立という恐怖感を克服するには、孤立感が消えてしまうくらい徹底的に外界から引きこもるしかない。そうすれば、外界も消えてしまうからだ。」（フロム、前掲書、p25）

だから、人は孤立を克服するために、さまざまな努力をする。そのもっとも完全で、人間としてふさわしい方法が愛するということだ、というのがフロムの結論である。ただ現実には多くの場合、人は他の方法をとってしまうという。きわめて単純にいってしまえば、孤立を克服するためには、そもそも孤立しなければ良いのである。つまり他の誰かと、あるいはモノと一体となるという方法が、手っ取り早いやり方であるとして、つぎの三つを具体的に例をあげて説明している。

①ありとあらゆる祝祭的興奮状態：強烈で激烈、精神と肉体の全体に起こる、長続きせず断続的・周期的に起こる。一時的な一体感。

②集団への同調：おだやかで惰性的、不安を癒すには不十分。偽りの一体感。

③創造的活動：職人、農民、芸術家、素材・対象と一体化する。人間同士の一体感ではない。

このように、人間同士の対等な関係における愛の一体化以外には、私たちが真の意味で孤独から逃れる方法はないというのである。ただ、人との一体化においては、愛ではない形の一体化が紛れ込む可能性があるという。そうした共棲的結合、つまり、単なる依存的な関係やサディズムやマゾヒズムのような一方的な関係を排除する必要があるという。愛の関係というのは、一方的に与えるだけだったり、一方的に与えられるだけの関係ではない。互いに、与えると同時に与えられる関係である。フロムの言葉では次のようになる。

「与えることがすなわち与えられることだというのは、別に愛に限った話ではない。教師は生徒に教えられ、俳優は観客から刺激され、精神分析医は患者によって癒される。ただし、それは、たがいに相手をたんなる対象として扱うことなく、純粋かつ生産的に関わりあったときにしか起きない。」（フロム、前掲書、p47）

私たちのテーマであるいのちの教育に即して考えても、このことはよく理解できることである。いのちの問題は終点のない無限の道を行くようなものである。そこでは教師と児童・生徒が教えるものと教えられるものという、一方的な関係にはなりえない。ともに考え、教えあい、共有しあう関係なのである。

つまり、フロム的にいうならばいのちの問題を考えるもの同士は、愛の関係にあるといえるのである。

5　無条件の愛と禁止

愛について、とりわけ無条件の愛というものについて、少し議論を深めておきたい。愛するということは、ある意味で受け入れるということである。これまでにみてきたように、たがいの独立性を保ち、個人としての全体性を維持しつつ、たがいに受け入れ一体化することを愛と考えるのであった。このことの意味をより明確にするために、愛と相反する態度である禁止をあわせて考えてみようと思う。

私はスクールカウンセリングの場に長年携わってきたが、一般にカウンセリングにおいて重要なのは枠組みであるといわれる。私のカウンセリングは一言で言えば、受容と共感にもとづいている。しかし、よく誤解されるのであるが、なんでも受容しすべてクライエントの言いなりになっているのではない。受容とともに、絶対に崩してはならない枠組みがある。枠組みとは、言い換えれば禁止である。この枠の中では、これこれのことが許されるが、枠を越えたところでは一切なにも成立しないのだ、という強い禁止である。

私のおこなうカウンセリングにおける受容は、そのカウンセリングの場だけの、態度と表情と言葉によって示される。クライエントによっては、そこまで私の悩みや苦しみを理解してくれるのなら、問題に立ち向かう私に直接手助けをしてくださいなどと要求してくる。しかし、それは絶対に私にはできないことである。枠を越え、禁止を犯すことになるからである。このように、カウンセリングの受容は禁止と対になっている。この点が、往々にして教育関係者や親から誤解を受けている。

カウンセラーが「力」を発揮し、カウンセリングが一定の効果を見せるのは、受容とともに枠組みがあって強い限定と禁止があるからである。一般に、受容が受容と感じられるのは、それとつりあうだけの限定や禁止があるときなのである。逆にいえば、禁止した分だけ受容が実感されるということになる。したがって、無条件な愛や無条件の受容をあたえるということは、無条件の拒否や禁止が同時に必要だということになる。

子どもたちは、無条件で受け入れて愛して欲しいという。親たちは、これほど受け入れてなんでも思い通りにさせて、愛しているのに、これ以上なにを望むのかという。ここで生じているすれ違いのもとは、「愛」とつりあうだけの「禁止」が欠けているところにある。いくら「愛」がしめされても、その効果は「禁止」とつりあうだけの分量にすぎない。「禁止」がまったく示されなければ、いくら「愛」が示されても子どもはまったくそれを実感できない。子どもの言うことをすべて受け入れて、何でも買い与え、なんでも許すといった態度では、子どもは愛をまったく感じられない。むしろ親に無視され拒否されているとさえ感じ取る。逆にいえば、「禁止」をつきつければ、わずかな「愛」、つまり条件付きの愛でも活きてつたわるのである。

禁止について少し考えてみよう。とくに絶対的な禁止は重要である。駄目なことは駄目、としっかりと伝えることがなければならない。場合によっては、なぜ駄目なのかを説明することも必要である。しかし、もっと大切で必要なのは、「問答無用の禁止」のあることを教えることである。子どもであっても、言葉で説明すればかならずわかるという親や教師がいる。わからせられなければ、親として教育者として失格だというおとなもいる。

たしかに、説明してわかることもある。説得が必要なことも少なくない。しかし、無条件の愛を考えるときに重要なのは、世の中には無条件に駄目なことがあることを教えることである。絶対に説明できないことがあるのである。なぜ人を殺してはいけないのか、その疑問に正面から取り組んで説明しようとするおとながいる。いま述べてきたように、その態度は根本的に間違っている。なぜ人を殺してはいけないのか、それは「いけないからいけない」「絶対にいけない」「理由などなくいけない」という絶対的な禁止以外ありえないのである。

親はそのことを、声を大にして、感情的に、怒りを込めて、絶対的で圧倒的な強さで子どもに伝えなければならない。叱るのではない。諭すのでもない。ましてや説得するのでもなく説明するのでもない。心の底から感情を込めて、怒るのである。そうして、「なにがなんでも、駄目なものは駄目」という絶対的な禁止を伝えることができて、はじめて「理由なんかなくお父さん（お母さん）はあなたを愛している」というメッセージが届くのである。

私たちはこの世に誕生して出会うことができた。気がついたらこの世にいたのであり、理由などなく出会ったのである。そして、いつかは必ず別れなければならない。死という絶対的な限定が待っている。この先は行ってはいけない、行くことはできないという、絶対的な無条件の禁止が私たちすべてに用意されている。だからこそ、誕生が絶対的な受容であり、無条件の愛の瞬間として決定的な意味を持つのである。

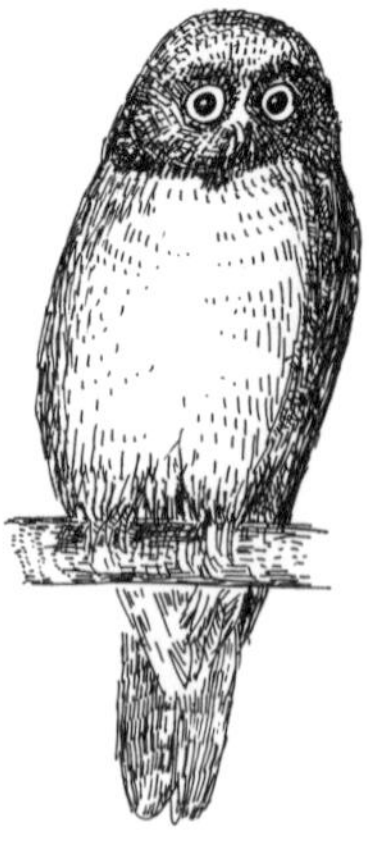

第4章＊いのちの意識の発達

1　11歳の体験

小説「ハリー・ポッター」シリーズの主人公ハリー・ポッターは、物語の始まりにおいて11歳の少年である（J.K.ローリング『ハリー・ポッターと賢者の石』静山社、1999ほか）。この年齢の意味するところは、きわめて象徴的なものである。

その年齢になるまで、ハリー・ポッター少年は自分の出自を知らずに普通の人間として暮らしていた。その彼が、11歳のあるときを境に、別の人生を歩き始める。後で述べるように、すべての子どもが、11歳のころを境界として第2の人生をスタートさせる。ハリー・ポッターは、そうしたすべての子どもの代表として、冒険の物語を歩きはじめたのだといえよう。

物語の詳細についてはここで触れないが、死や命との関連で重要な点を指摘しておきたい。まず第一に示すべき点は、物語全体に横たわっている「死」の影である。そもそも乳児のころに、ハリーは両親と死別するという体験をしている。日常、彼はそのことを意識してはいないが、深いところに心の傷となっている。しかも、事故でなくなったとばかり思っていた両親は、じつは殺されたのだということを最近知ったばかりである。両親とともに殺人者に襲われた際にできた額の傷が、ときどき彼にその体験を思い出させる。

さらに、物語に登場するものの中には、死や命そのものを連想させるものが多い。たとえば寄宿学校に住みついている幽霊も重要な登場人物である。「ほとんど首なしニック」という、首の皮がかろうじてつながっている処刑された貴族の幽霊や、名前を聞くだけでもおそろしげな「血みどろ男爵」などが登場する。そのほかにも「ピーブズ」や「嘆きのマートル」などが死を象徴している。さらには、「ディメンター」という人の魂を吸い取ってしまう存在、人を水中に引き込んでしまう「グリンデロー」、死神犬「グリム」、死を食べる「デス・イーター」などは、死の擬人化された象徴である。これらの死や命を象徴する存在は、ハリーにとって重要であるのと同時に、物語にとってもなくてはならない存在なのである。

第二の指摘すべき点は、ハリーはひとりで冒険の物語を生きているのではない、という点である。11歳までのハリーは、孤独な生活を強いられていた。あるいは、まだ誕生していなかったといっても良いかもしれない。第二の誕生を遂げたハリーのまわりでは、親友の男子ロン・ウィーズリーや女の子ハーマイオニー・グレンジャーだけでなく、多くの人々そして動物たちが彼を見守っている。ホグワーツ魔法学校のダンブルドア校長、森の番人ハグリッド、担任のマクゴナガル先生、ウィーズリー一家の人たちなど数え上げればきりがない。言い換えれば、第二の誕生とは人生の大切な人たちと出会うことである、といってもいいのかもしれない。

ハリーは、死や命と直接向き合う体験を身近な仲間と共有し、まわりの多くの信頼できる人たちに支えられ見守られながら成長していくのである。ハリー・ポッターの物語は、世界中で大変な数の人びとに読まれ、さまざまに批評もされている。テレビ・ゲームのような、単なる冒険の繰り返しを興味本位で描いているにすぎないとか、そこには主人公の成長というものがまったく見られないなど、否定的な評価も少なくない。

しかし、現に多くの読者の支持を受けていることはまちがいない。一般の人気の高さと評論家の評価が一致しないことは、どの分野でもよくみられる現象である。私としては、ハリーの成長はこれからなのだと思うので、現在までおこなわれてきた批評は、やや早とちりだったのではないかと思っている。というのは、この後の章で明らかになるように、11歳からの数年間というものは、右も左もわからない混乱状態の中、手探りで進もうとしている時期なのだと考えるからである。進んでいるようで進んでいなかったり、深みにはまりそうになったり、ときには後戻りしながらの生活の毎日なのである。

この後、17歳になるまでのハリーが全7巻の物語で描かれていくという。どのような成長をみせてくれるのだろうか。楽しみに待ちたいと思うのである。

2　子どものいのちの認識と理解

子どもは何歳くらいになるとなにがわかり、なにを考えることができるのだろうか。それらを共有することは、子どもにとって可能なのであろうか。そもそも命や死といった概念が子どもの中に、どのように芽生え発達していくのであろうか。こうした、子どものいのちの認識と理解の発達について、私たちは知っておく必要がある。

これまで諸外国で、子どもの命の意識とその発達過程を調べた研究が、いくつか知られている。そのひとつは、ハンガリーの心理学者マリア・ナギーの研究[*1]である。もう50年以上前のことだが、ナギーは3歳から10歳の子どもを調査して、死の意識の発達過程を明らかにしようとした。この研究はこの領域における先行研究として重要なものと考えられるので、すこし詳しく見ておくことにしたい。

データは三つの方法によって得られた。

①7歳から10歳の子どもたちに、文章で回答を求めた。その質問は「死について心に浮かんでくることを、何でも書いてください」というものであった。
②6歳から10歳の子どもたちに、死についての絵を描かせた。

③すべての子どもたちと、彼らの作文や絵について話し合いをした。ただし、6歳以下の子どもたちとは、信頼関係を形成するための話し合いをして、最終的には死について語り合うという形をとった。

こうした方法で、ブタペストとその周辺に住む378名(男子193名、女子185名)の子どもたちを対象としてデータが集められた。結果としては、つぎに示す三つのステージが明らかになった。

第1段階(5歳以下):死の不可逆性を理解できない。たとえば、死は旅立ちであったり眠ることである。また身体的な死の事実は知っているが、それを命と分けて考えることができない。

第2段階(5〜9歳):死の不可逆性は理解できるが、すべての人に起こるものとのは理解できず、また死を擬人化している。6歳半のある少年は「死は悪い子どもを連れ去ったりする。死は雪のように白い。どこにいても白く、邪悪で子どものようなことはしない。」と表現している。

第3段階(9歳以上):人間にとって死は避けられないと理解する。たとえば、9歳半のある少女は「死は人生の終末です。死は運命です。死は地球上の人生の終わりです。」と述べている。

このように、ナギーは数百人にのぼる子どもたちとのインタビューをとおして、子どもたちの死の意識がどのように獲得されるのかを調べたのである。結果としてまとめていえば、９歳の子どもは死と命についておとなとおなじように認識できるということである。

さて、その他の知見を見ておくことにしよう。たとえば、ピアジェ*[2]は、

第１段階（４～５歳）：すべてのものに生命を認める。
第２段階（６～７歳）：すべて運動するものに生命を認める。
第３段階（８～11歳）：自己の力で運動するものに生命を認める。
第４段階（12歳以上）：動物だけに生命を認める。

というように、４段階にわけて考えている。

『死ぬ瞬間』『続・死ぬ瞬間』『新・死ぬ瞬間』などで、死の臨床の研究者として著名なキューブラー・ロス*[3]は、「５歳以後死はしばしば擬人化され、死は人々を連れ去るためにやってくるオバケとみなされる」といっている。

これらはいずれも、外国の子どもたちを対象として考えられた結果であるが、そこにいく

つかの共通点を見ることができる。まずひとつは、年齢段階に応じた意識の発達的変化がみられる点である。二つめは、抽象的な死の意識から、段階が進むにしたがって、個人的個別的な死の理解へと進んでいく点である。そして三つめは、死の擬人化が見られるとする点である。これらの知見を念頭に置いた上で、日本の現代の子どもたちにとっての死と命の意識の発達についてみていくことにしたい。

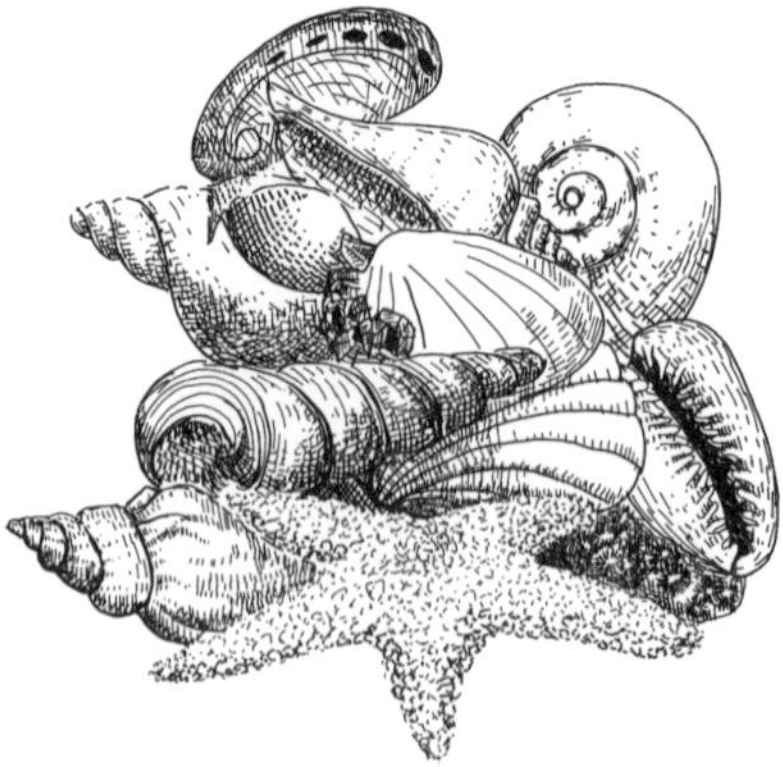

3　日本の子どもの死の意識

日本の子どもたちを対象とした研究も多くおこなわれており、報告もされている。まず死の擬人化については、1992年に上薗が長崎県の子どもの調査結果[*4]として、ナギーのいう第2段階の擬人化は見られなかったとしている。この調査は、5歳児から9歳児までの合計1263名を対象とした膨大な研究で、聞き取りと質問紙によっておこなわれた。子どもに「死ぬとは、どんなことだと、思いますか?あなたが考えていることを、おしえてください。」という質問をした結果をまとめたものである。

また、1996年に大分県で行われた調査[*5]では、5歳児から6年生までの子どもを対象にして命の意識をしらべている。その結果、5歳児では半数以上が、ロボット、時計、石、机といった無生物が「生きている」と答えている。小学校の1、2年生になると、その割合は減少し20%ほどになるが、5、6年生になってもゼロにはならない。その理由は、「いつも一緒にいるから」「毎日一緒に勉強をしているから」といったことのようである。1991年に島根県でおこなわれた小学生1、055名を対象とした調査[*6]でも、同様な結果が示されている。

佐藤ら[*7]は1999年に、島根県内の小学校1年生から3年生の児童629名を対象とした死の意識の調査をおこなっている。それによれば、生命の有限性の認識は3年生でほぼ確立するが、他の調査結果と同様に、無生物に命の存在をみとめるアニミズムの傾向は残存していたという。また、祖父母との同居やペットの存在と生命の有限性の認識に、関連性があったとしている。

そもそも子どもたちは死にかかわる経験をどの程度しているのか、という点についての研究もある。私自身がかかわった首都圏の中学生を対象にした調査では、約80%の子どもが身近な死別体験をしていた。他の調査でも、意外に多くの子どもたちが死別を体験しているという同様な結果が示されている。

ただ、上薗[*8]によれば、死に関する経験はあっても子どもからそのことについて、なにかを尋ねることはないという。上薗はドイツと日本との比較調査もおこなっている。この調査[*9]ではドイツの8歳から18歳の350人と、長崎周辺のやはり8歳から18歳の2、629人を対象としている。子どもたちへの質問は「死ぬのはいやだとおもったことがありますか?」「死ぬのはどういうことか、自分からだれかにきいたことがありますか?」「死ぬのはどういうことかだれかからはなしてもらったことがありますか?」などである。これらの質問に対する回答の結果として、以下の点が明らかになったという。まず、日本の子どものほうが「死ぬのはいやだ」と思った経験が多く、死について自分から だれかに尋ねたりすることは少ない。ドイツのほうが話を聞く子どもが多い。聞く相手としては、両国とも母親・父親が多く、一般的な相談で多く見られる友人をあげる回答は少ない。前に紹介した私たちのおこなった中学生の調査でも、死別体験時に誰かとそのことを話し合ったという回答は、半数に満たなかった。こうした、いわば共有体験といえるものの少なさを、私は問題にしていきたいと考えている。

こうした統計的な研究だけでなく、事例的に一人の子どもの成長を追いかけて研究した、いわゆる縦断的な研究[*10]もある。そこではハルカという少女の3歳から高校2年生までの、命の意識の変遷が克明に追跡し分析されている。その結果、5、6歳から7歳ころに、「人間はどうしても死なねばならない存在だと気づき」、生と死の認識が急激に深まりを見せたという。

私たちは最近、東京都内の短期大学一年生約500人を対象に、死の意識の調査[*11]をおこなった。「子どものころ、死について、あ

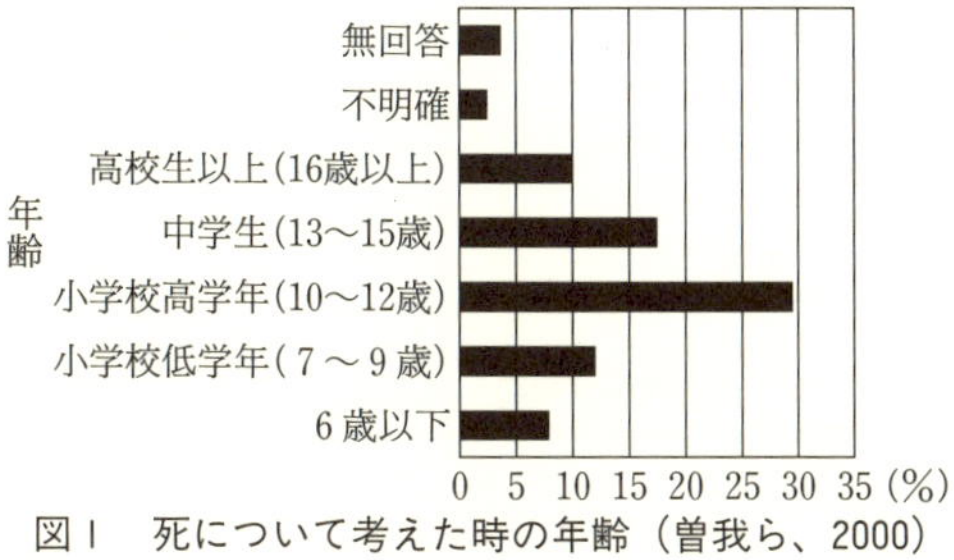

図1　死について考えた時の年齢（曽我ら、2000）

るいは命に限りがあるということについて、考えたことがありますか？」という問いを中心とした、振り返り調査である。つまり、いのちの意識の発生について、調べようとしたのである。

その結果、約80％の学生がはいと答えている。考えたときの年齢は、6歳以下が約8％、小学校1〜3年生が約12％、小学校4〜6年生が約30％、中学生が約17％、高校生以上が約10％となっている。ここで、いのちを意識した年齢のピークが小学校の高学年つまり10歳から12歳にある、という点に注目しておきたい。そのときの気持ちを聞いてみると、恐ろしい、恐い、悲しい、寂しい、つらい、苦しい、嫌だ、などの感情が多く見られた。考えたきっかけでは、身近な死、知り合いの死が多数を占めている。つまり、多くの子どもたちが小学生までの時期に、誰かの死をきっかけに死についてなにかを考え、不安な思いを抱く体験をしているということになる。私たちは、その他にも同様な調査を、小学生、中学生、高校生、大学生を対象におこなっているが、いずれも同様な傾向を示している。

4　心理的な発達段階

ここでは子どもの心理的な発達を、エリクソンにならってとらえなおしてみよう。エリクソンは、フロイトがあまりに性に重点をおきすぎると考え、そこからの脱却をこころみた。そしてつぎに示す八つの心理・社会的発達段階を明確化するにいたったといわれている。

①乳児期：基本的信頼感(basic trust)を形成する時期である。
②幼児前期：保持することと解放することを学ぶ時期である。より具体的には、母親からの解放である。
③幼児後期：独立した人間として親をモデルとしてさまざまな行動を自発的にこころみる。
④児童期：ものを作ることをとおして、自分の能力や勤勉性に気づく。
⑤青年期：アイデンティティの確立の時期である。自分はどういう人間で、これからどう生きていくのかという問いに向き合うことになる。
⑥成人前期：より親密な人間関係、つまり恋愛や結婚を基礎とした「わたしたちのアイデンティティ」を確立する時期である。

⑦成人期：生殖活動をとおして、「わたしたちのアイデンティティ」をつぎの世代につなげていく時期である。

⑧老年期：それまでの人生をふりかえり統合し、ポジティブの面だけでなくネガティブな面も含めて、すべてを受け入れていくプロセスである。

以上が一生をつうじての発達の過程であるが、ここで大切なことはこれらがつねに達成されるとは限らず、つねに葛藤と危機を内包しているということである。たとえば、青年期はうまくいけばアイデンティティの確立に成功するが、失敗すればアイデンティティの拡散に至る。この時期が統合失調症の好発時期であるというのも、うなずける。

これまで見てきた死の意識の発達過程からすると、エリクソンがいうところの児童期までの段階、つまり青年期に入る前にほぼ死の意識を確立していくということになる。そして、死の意識を踏まえた上で、青年期の課題であるアイデンティティの確立に取り組むことができるようになるのである。

前項でふれたように、私たちがおこなった短大生を対象にした調査でも、いのちを意識する体験は、小学校4年生から6年生つまり10歳から12歳がピークとなっていた。この時期は、第2次性徴の発現や初潮・精通など、心身の発育・発達の点でもきわめて重要な段階である。

前に述べたハリー・ポッターの物語が、まさに11歳からスタートしているのは偶然ではないであろう。

ただ、ハリーは11歳以前の孤独で苦しい日常の中で、何度も「いのちの体験」を繰り返していたにちがいないので、やや特殊な例ではあろう。両親を事故で亡くしたと教えられていた彼は、死は避けられないものであり誰にでも訪れるものである、という到達点にすでに達していたであろう。そこで彼にとって向き合わなければならない課題が、つぎつぎと生まれてきたのである。ではなぜ自分は生きているのか。どこへ向かって生きていくのか。生きるとはどういうことか。死とはいのちとはなんなのか。

11歳から17歳までのハリー・ポッターの生活は、こうした疑問に自分なりの回答をあたえ、人生を切り開いていくプロセスである。それはエリクソンの発達段階でいえば、まさに第５の段階である青年期に相当し、アイデンティティの確立の時期なのであって、その点でハリーの物語は普遍性を持つにいたるのである。

【注】

*1（83頁） Nagy, M. The child's view of the death. Feifel, H. Ed. Meaning of Death. Mcgraw-Hill. New York, 1986

*2（85頁） ピアジェ、大伴　茂訳『児童の世界観』同文書院、１９５５

*3（85頁） E.キューブラー・ロス『死ぬ瞬間』読売新聞社、１９８０

*4（87頁） 上薗恒太郎「子どもの意識における死の擬人化」長崎大学教育学部教育科学研究報告、第43号、１９９２。

*5（87頁） 牧野桂一他「学校におけるデス・エデュケーションのあり方」大分県教育センター研究紀要27集、１９９６。

*6（87頁） 多田納育子「児童の生命観の発達に関する研究」生物教育、第32巻、第4号、１９９２。

*7（87頁） 佐藤比登美、斎藤小雪「現代の子どもの死の意識に関する研究」小児保健研究、第58巻、第4号、１９９９

*8（88頁） 上薗恒太郎「子どもの死の意識と経験」長崎大学教育学部教育科学研究報告、第51号、１９９６。

*9（88頁） 上薗恒太郎「死について子どもたちは誰に聞くか」長崎大学教育学部教育科学研究報告、第49号、１９９５。

*10（89頁） 清水美智子「子どもは生と死をどのように認識していくか（2）」大阪教育大学紀要、第Ⅳ部門、第40巻、第2号、１９９２。

*11（89頁） 曽我、近藤ら「いのちに関する短大生の意識」『日本学校メンタルヘルス』第4巻、２００１

第5章＊学校でのいのちの教育

1　いのちの教育の考え方

これまでの章では、子どもがいのちを学ぶことにどのような意味があるのか、いつ、どこで、どのようにして学ぶのか、などについて子どもの側から見て考えてきた。この章では、大人の側から「いのちを学ぶ子ども」にどのような教育的な援助ができるのか、について考えてみたい。

まず、いのちの教育を理念的に定義すると、つぎのようになる。

「いのちのかけがえのなさ大切さ素晴らしさを実感し、それを共有することをとおして、自分自身の存在を肯定できるようになることをめざす教育的営み。」

つまり、

①いのちのかけがえのなさ大切さ素晴らしさを実感する
②共有する
③自己肯定感を得る
④教育的営み

という四つの要素によって定義されている。

さて、いのちの教育を内容から見ていくと、「狭義のいのちの教育」と「広義のいのちの教育」のふたつにわけて定義していくとわかりやすい。

「狭義のいのちの教育」は、いわゆる死の教育やデス・エデュケーションと、重なり合う部分が大きい。キーワードをならべれば、死別、ターミナルケア、末期がん、脳死、心臓死、ホスピス、自殺などの直接死にまつわる言葉や、誕生、性、病気、障害、老化などの命に関係する言葉が出てくる。そこで、「狭義のいのちの教育」は、「死や命と直接結びついた領域について、その知識や考え方や態度などについて、ともに考える教育」と定義される。

これに対して、「広義のいのちの教育」の内容は死や命に限定されない。それは、「子どもたちのまわりの社会的、文化的、自然的なあらゆる環境との、出会い、かかわり、そして別れの体験をあつかう教育」と定義される。その内容は、学校であつかう多くの教科、道徳教育、特別活動などの内容と重なり合う。つまり「広義のいのちの教育」は、あらたな領域を示す概念ではなくて、整理の枠組みを示すものである。いままでの教育の内容を、「いのちの教育」という枠組みで整理しなおす、ひとつのクロス・カリキュラムの提案だといってもよい。

内容と方法についても、当然子どもたちの発達段階に応じた配慮と工夫が必要である。そこで前章までに述べてきたような、命や死についての意識の発達段階とともに、全般的な心理面の発達段階についてもう一度整理しなおし、「いつ、なにをテーマにするか」を考えていきたい。

そこでまず、心理的な発達段階を理解するために、ここではエリクソンの理論を思い起こしてみることにしよう。前章でみてきたように、エリクソンの発達理論では、人の一生における心理的・社会的発達は、全部で八つの段階に区分されている。これらのプロセスで大切なことは、これらがつねに達成されるとは限らず、つねに葛藤と危機を内包しているということであった。

つぎに、前に紹介した大分県での調査結果（牧野桂一他「学校におけるデス・エデュケーションのあり方」大分県教育センター研究紀要27集、1996）から、いくつかの知見を抜き出して見

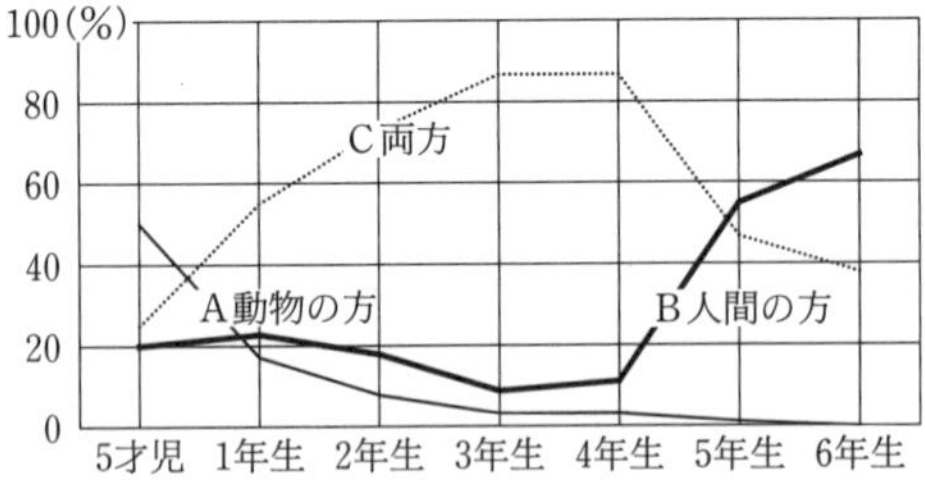

図２　死んだ時の感じ（牧野ら、1996）

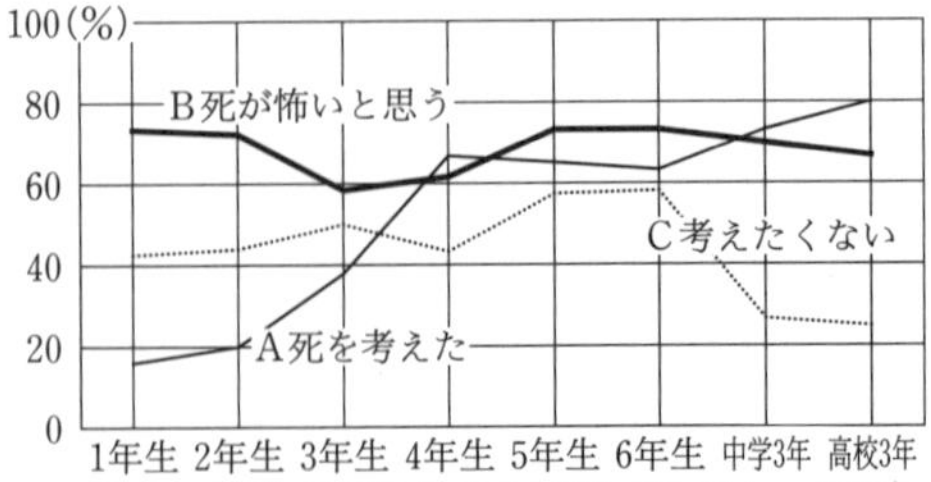

図３　自分の死に対する意識（牧野ら、1996）

よう。まず、死に対する感じ方について見てみることにする。筆者らの短期大学生に対する調査では、小学校高学年で死を意識する割合が高く、そのときの感じは恐ろしい、こわい、悲しい、寂しいなどだったことは前章で紹介した。大分県の調査でも、死んだときの感じを調べている。それによれば、動物が死んだときよりも人間が死んだときのほうがかわいそうと思う割合が、小学校5、6年生で急激に増えていることがわかる(図2)。同じ調査で、自分の死に対する意識も調べている。図3がその結果で、自分の死について、死を考えた割合は4年生から急に増加している。また、自分の死を考えたくないという割合は、5、6年生だけが増えている。つまり、小学校低学年までと、小学校高学年以後で生と死の意識がおおきく異なるということがいえる。

2 いのちの教育の段階

これらをまとめて、幼稚園段階から大学までの時期を、大きく三段階に分けて考えてみたい(表1)。より具体的・現実的には、学習指導要領等を参照しながら、より細かく段階を区切って組み立てていく必要があるが、ここでは大枠を示しておきたいと思う。

第一段階は幼稚園・保育園から小学校低学年までの時期である。そこでは、親や身近な人々をモデルとしながら、まわりの物や自然や人々と触れ合い、生きていることの素晴らしさを実感することが課題となる。より具体的には、生きることの楽しさを体験する(野外活動、動物を飼育する、植物を栽培する)、人とのかかわりの喜びを考えたり体験したりする(協調ゲーム、協力して作品を作る、合唱・合奏、ホームルーム活動、文化祭、体育祭)、誕生の奇跡を学ぶ(資料や書物を調べる、母親からの聞き取り、胎児診断について調べる)などが考えられる。

第二段階は、小学校高学年から中学校の時期である。この時期は、第2次性徴の発現の時期で、第二の誕生の時期ともいわれる段階である。したがって、自分の存在の意味を問い直し、「生まれてきてよかったのだろうか」「生きていって、いいのだろうか」「生きているって、どういうことだろう」「命ってなに」「死ってなに」などの疑問が、つぎからつぎへとわいてくる。ここでは、不安や恐れあるいは孤独や悲しさを共有し、「棚上げ」を学ぶことが課題となる。たとえば、家族の歴史や自分史を調べる（家族、祖父母、親戚、からの聞き取り、写真アルバムや家族の記録を整理する）、動物の命の意味を考える（動物を飼育して殺して食べる、その話を聞く、食物連鎖について学ぶ）、いじめや暴力、虐待あるいは自殺などについて考える（話し合う、書物や資料・統計などを調べる）、病気やケガなどによる喪失の体験を知る（障害のある人の体験談を聞く、身近な病気や死の体験を素材にする）、病院や施設での人々の生活を知る（病院見学、老人施設、養護施設訪問）など幅ひろく考えられる。

第三段階は、高校生、大学生の時期である。ここでは、まさにアイデンティティの確立が課題となる。つまり、「なんで生きているのだろう」「なんで生まれてきたのだろう」という疑問から、さらに「なにをめざして生きているのだろう」「自分の人生とはどういうものだろう」など、自分の存在意義を問い直し、自分とはなにか、

表1　いのちの教育の段階と課題

学年・段階	いのちの教育の課題
幼稚園・保育園 小学校低学年	自然、家族、動物、植物などとの触れ合いを深め、それを体感すること。「自然っていいな。家族っていいな。動物っていいな。」
小学校高学年 中学校	不安、恐れ、孤独、悲しさを共有し、「棚上げ」を学ぶこと。「ひとりじゃない。私だけじゃない。答えは出ない。」
高等学校 大学	自分の存在意義を問い、生きることの意味を求めること。「なぜ、なんのために、なにをめざして生きているのだろう。」

自分の人生はどうあるべきかが問い直される。具体的には、生きることの意味を考える（文学作品を読む、哲学書を読む、芸術を鑑賞する、伝記を読む）、死に行くことの意味を知る（ターミナルケアの現場の話を聞く、死んでいった人の家族から話を聞く、脳死と心臓死について調べ考える、臓器移植について考える）、喫煙や不健康な生活習慣について考える（喫煙防止教育・禁煙教育、書物や資料・統計などを調べる）といった内容が考えられる。

さいごに、いのちの教育の大きな枠組みについて、もういちどまとめておくことにしよう。

①小学校低学年以前は、生命についての認識がさだまっていない。いつもそばにいる、一緒に生活しているといったことが、生命の存在の裏付けになっている。

②小学校高学年以後は、生と死についての意識が明確になる。身近な存在との死別体験が、ひとつの重要な役割をはたしている。

③いのちの教育には年齢の段階に応じた、内容と方法についての配慮が必要である。つまり、この世界に生きているよろこびや人とのかかわりのよろこびを確認する、奇跡的な存在としての自分に気づく、死の意味について考えるなどの内容について、まず検討すること。さらに、知識や情報を伝える、感情を共有する、深く思索するなどの方法の検討が大切である。

3　いのちの教育の例

❖動物を育てる(小学校)

2000年の10月にNHK教育テレビの教育トゥデイという番組で、「いのちを学ぶ」と題した3回シリーズとして放映されたいのちの教育の例を見てみたい。シリーズの第1回目は、筆者がスタジオ・ゲストとして小学校での取材ビデオにコメントするというものだった。その放送の内容を紹介しながら、いのちの教育の一事例として検討していこうと思う。

さて、第1回目のタイトルは、「生まれてくるってすごい！～長野県・伊那小学校～」だった。伊那小学校は、古くから先進的な教育実践校として全国的によく知られた学校である。総合的な学習も、20年程前からさまざまなかたちで展開されてきている。その3年夏組というクラスの、授業実践の取材ビデオがまず紹介される。この学校ではクラス替えは、4年生になるときの1回だけということで、長期間にわたる動物飼育なども可能となっている。夏組ではポニーを飼育して、妊娠出産を体験しようということで進めてきた。夏組みでの実践をビデオから振り返ってみよう。

サクラと名づけられたポニーの世話は、子どもたちにまかされていて当番で休日にも学校にやってきて面倒をみている。はじめは蹴られたりかまれたりするなかから、しだいに親しみを増してきた。伊那小学校ではこれまでにも、たくさんの動物の妊娠・出産があった。最近も他のクラスで、羊やヤギの出産があった。そんななかで、夏組みの子どもたちもサクラの赤ちゃんが欲しいということになった。

そこで、1年前の9月に牧場で交尾をしてもらい、ずっと誕生を楽しみにしながら世話をしてきた。出産の予定は8月で、妊娠検査を自分たちでしたり、観察記録をつけたりして見守ってきた。ところが出産予定日を過ぎてもその兆候がない。1ヶ月が過ぎた頃、サクラに赤ちゃんがいるのかいないのか、クラスで話し合いがおこなわれた。担任の下郷先生は、「それぞれが感じていることや考えていることを、発表してみんなに広めて欲しい」と提案し、子どもたちはさまざまな意見を出していく。

「まだわからないから、いると思う」

「僕が背中に乗ってみたら、上から見たらおなかが大きくなっていたから、赤ちゃんはいると思う」

「いなかったら、みんなも悲しいと思うからいると思う」

「予定の8月を過ぎて9月になっちゃった。ずっと待っていたらだめだからもう生まないと思う。」

「オシッコ検査とか、いろいろ調べてみればいいと思う。」

「もう何回も検査してきた。赤ちゃんがおなかの中でうまく育たないことも多いって言うから、時間の無駄じゃないと思うけどそんな感じがする。」

子どもたちの感じ方考え方を充分出し合い、互いに確かめ合った上で、下郷先生は自分自身の考え方を示す。願いと現実は必ずしも一致しないこと、客観的な証拠から妊娠の兆候がみられないことなどを説明し、結論を導き出したことをわからせる。

下郷先生は、飼育、妊娠、出産をとおして、命の誕生の不思議さと大切さを学ばせようと考えていた。ところが妊娠、出産が見込めないことが現実となり、学習の方向性を転換する。妊娠や出産の困難さから、子どもたち自身の誕生、そして現在自分自身が存在していることの不思議さに気づかせようという方向である。そこで、子どもたちには宿題が出される。自分が誕生したときのことを、両親にインタビューしてくるというものである。

ゆりえちゃんという女の子の家では、最近弟が誕生したばかりだ。母親の妊娠、出産を目の当たりにしてきたゆりえちゃんにとって、自分自身の誕生にまつわる話は、より強い印象を与えた。急な破水と分娩室での混乱の様子など、具体的に細かく説明しながら話してくれる両親に、食い入るように耳を傾けるゆりえちゃんの様子が印象的だ。そして母親は、誕生の瞬間に「生まれてきて嬉しかった」とゆりえちゃんを歓迎した気持ちを素直に語って聞かせる。

かげはる君という男の子の家では、誕生の瞬間のビデオがとってある。ビデオを見ながら、身体が重くてつらかったけど、いつも赤ちゃんと一緒だと思うと毎日が幸せだったと母親が語る。父親は「生まれてきたときは、パパ本当にうれしかったんだよ。やっと生まれてくれてありがとう、って感じだったんだよ」と、すなおな気持ちを語りかける。自分が予定より2週間も遅れて、そして両親や祖父母が待ち望んで歓迎されて生まれてきたことを、かげはる君はうれしそうに聞いている。そして、「生まれてきてよかった」と、言葉にして語る。父親も、「忙しくて、生まれたときの感動などを忘れていた部分があって、あらためて子どもに聞いてもらって、そのときの感動が思い出され、また新たな気持ちで子どもに接することができる」と、感動を新たにしている。

担任の下郷先生は、サクラが妊娠していなかったという体験を踏まえているからこそ、子どもたち自身の誕生にまつわる話が、より強く実感できたのだろうと振り返っている。もちろん、クラスではそれぞれのインタビューの結果の報告が、うれしそうに繰り広げられた。

この授業の流れを整理しておきたいと思う。まず全体の構成は、大きく二つの部分に分けて考えることができる。第一の部分が、ポニーをクラスの皆で力をあわせて飼育し、交尾、妊娠、出産をめざすプロセスである。この一連の流れには、2年以上の期間をかけて取り組んでいる。そこでは、ポニーという動物とのふれあいをとおして命あるものの、暖かさややわらかさ、そして臭さや痛さなどを、現実感をもって理解していく。同時に、友達同士の助け合いの大切さや、喜びや苦しみを共有することの意味といったテーマが、自然に全身で理解されていく。

第二の部分が、両親へのインタビューと報告のプロセスである。自分自身の出産にまつわる話を聞くというのは、子どもたちにとっても新鮮な体験であると同時に、親にとっても思いがけないアプローチである。このプロセスをとおして、子どもたちは自分が生まれてきたことが、両親や家族に歓迎されたできごとだったことを確認する。また、さまざまな困難を乗り越えて誕生を迎えた体験談を共有することによって、いのちの誕生がきわめて奇跡的なことだということに気づく。

つぎに、授業のポイントを整理しておきたいと思う。

まず第1は、この授業をとおして教師は脇役で、主人公は子どもたちだということである。教師はあらかじめ解答を用意して問を発しているのではない。教師も一緒に考え、感じ、悩んでいる。そして、全員の心に浮かんだ思いを語り合い、耳を傾け、そして共有する。

第2は、生き生きとした体験をベースとして、深い思考の世界に入っていっている点である。つまり、動物の飼育をクラスのみんなで長期間にわたって継続していくことによって、動物とのコミュニケーションだけでなく、みんなとの協力や協働をとおしての生きたコミュニケーションを体験していく。しかも、それは活動的で生き生きとした営みで、基本的に楽しい体験にちがいない。いわば、「動」を前提として「静」を組み合わせた授業展開といえる。活動的で生き生きとした「動」の体験があって、はじめて自分の思いや感情に降りていく「静」の営みが有効に展開されるのである。

第3は、臨機応変な授業の展開が行われている点である。ポニーは妊娠して出産したかもしれない。そうなることを予想した授業展開が、当然念頭におかれて計画されていたと思われる。しかし、実際は妊娠、出産はなかった。そのとき、それを生かして臨機応変に授業の展開を組み立てなおしているのである。

第4は、親や家族を取り込んでいっている点である。いのちの教育には、多くの人たちの協力が必要となる。とりわけ親や家族との連携は欠かせない。学校での授業は、親や家族によるいのちの教育へと、子どもをつなげる役目を担っているといってもいいかもしれない。

第5は、生まれてくれてありがとう、というメッセージを子どもたちがしっかりと受け取ったということである。親や家族が自分の誕生を心待ちにして、生まれてきたことを心から喜んでくれたことを、子どもたちは確認している。親の口から直接「生まれてくれてありがとう」と、メッセージを受け取っている。子どもの自己肯定感の基礎となる、大切なメッセージである。親にとっても、こうした喜びの感情を思い出し、それを言葉にして子どもに伝えるという貴重な体験となっている。

✣絵本で学ぶ（小学校）

　これは金沢市の小学校3年生を対象とした授業である。実践者である金森俊郎氏は、この授業を「いのち輝き」の教育と呼んでいる（金森俊郎「私たちは奇跡的存在！～小学校三年生と共に創る性と死＝いのち・生の学び」現代のエスプリ、第394号、2000年5月）。

　そこでは授業の前提として、まず仲間との身体全体をつかった遊びをとおして、「少年時代らしい生活を学校の基底部に位置づけている」と述べられている。さらに、自分の生活や内面を綴る「手紙ノート」の作成やその発表、本を読むこと紹介しあうことなども、積極的にすすめられる。また、「病気、怪我、汗をかくなど「その時がチャンス」の学びを大切にしている」点も見のがせない。そして金森氏がこうした授業を3年生を対象として展開しようとした背景には、高学年の児童を担任する中で感じた自己肯定感の希薄さがある。

　さて、実際の授業は、まず春の昆虫の収集と飼育にはじまる。育っていく虫たち、死んでいく虫たちを大量に見守っていく中で、子どもたちの内面にさまざまな感情が湧いてくる。成長し変化していくのを見る楽しみ、死んだときの悲しみ、頑張っている虫たちへの応援の気持ちなど、子どもたちは深く心を動かされる。6月にはいって金森先生は一冊の絵本を読み聞かせる。イタチの母子が主人公で、死んだ母イタチが次第に土に還っていき、そこに植物が育ち虫や動物がまたやってくる、といういのちの繋がりを描いたものである（近藤薫美子『つちらんど』アリス館）。子どもたちの感想をまとめると、「はじめはどんどん食べられていって残酷だなあと思ったけれど、お母さんイタチのおかげで、たくさんの生き物が増え、餌がいっぱいになって若いイタチの親子が元気に生きることができてよかった」というものだった。

❖同世代の死を考える（中学校）

中学校でのいのちの教育の課題は、前にみてきたように、不安や恐れ、孤独、悲しさなどを共有し「棚上げ」を学ぶことである。そのことをとおして、「ひとりじゃない、私だけじゃない、そして答えは出ない」と実感することである。

ここで紹介する授業は、千葉県A市のA中学校2年生のクラスでの実践事例である。筆者の卒論ゼミの4年生6人が、A中学校へ出かけていって行った授業である。この授業は、ひとことでいえば、学級担任教諭の全面的な協力があり、その導入とフォローがあって実現できた。授業は道徳の時間の中でおこなわれたが、学校長をはじめとした教職員や保護者にも理解を求めるといった、周到な準備があった。さらに授業者である大学生たちは、事前に学校へ出向き丸1日そのクラスの生徒たちと生活をともにした。生徒たちと大学生たちが、顔と名前を覚えあい本番の授業がスムーズに進行できるようにリレーション作りをおこなったのである。

45分間の授業の内容と流れは表2に示したとおりとなっている。授業の中核に位置するのは、クラスの生徒たちと同年齢の13歳で骨肉腫で亡くなった少女のエピソードである。この授業をおこなう半年ほど前に、あるきっかけでゼミの学生たちはこの少女の話を耳にし、自分たち自身が深く考えさせられる体験をしていた。その体験を強い動機として、そのときの思いを生徒たちに伝えてともに考えたい、というのが授業のねらいであった。

そのために半年をかけて、彼らはさまざまな準備をしてきた。Uさんというこの少女の主治医や看護婦に連絡をとり、話を聞いてきた。そして自分たちの思いや、それをもとに授業を試みたいという気持ちを伝えた。その結果、Uさんの両親から、Uさんの写真や最後の手紙の実物を借り受けることもできた。

授業では、手紙の内容に触れながら、「私はこんなふうに感じたけれど、みなさんはどうですか」といった問いかけをした。また結論の定まるものではない問いかけであることから、「私自身、もっとこれからも生きる意味を考えつづけていこうと思う」というように、授業者の側の姿勢についてもはっきりと示した。

表2　授業案「生きることを考える授業」

時間	授業展開	指導上の留意点	予想される兆候
5分	・授業者の自己紹介 ・授業の導入	・生徒たちがわかりやすい説明の仕方で興味をひきつけるようにする。	・状況を把握できない。 ・集中して参加できない。
10分	・同世代の骨肉腫を病んでいる少女の事例を取り上げ闘病の過程や遺書を読む	・生徒たちがどのような反応を示しているか監察する(ビデオ撮影) ・少女の精一杯生きぬいた姿を強調して伝える。	・真剣に耳を傾け始める。 ・自分自身に置き換えて考える。
15分	・事例の内容をもとに死と生の意味、そして生きることについて問いかける。 ・中島みゆきの「誕生」を流す。	・こちらの意見は、はっきり主張するが、押し付けにならないように生徒の個々の自由な考えとその違いを認めるような話し方をする。	・生徒の中でさまざまな感情が生まれる。 ・生徒によって賛成や反発の意見を持ち始める。 ・素朴な質問が返ってくるかもしれない。
20分	・事前にやってもらったものと同じ絵の吹き出しに、セリフをもう一度書いてもらう。 ・授業評価アンケートと感想を書いてもらう。	・ありのままの感情を引き出せるような雰囲気をつくる。 ・こちらからは疑問を投げかけるようにし、誘導にならないようにする。	・授業の影響で、「吹き出しセリフ」が最初と比べてなんらかの変化が出るのではないか。

表3　Uさんの手紙（抜粋）

(前略) もっともっと生きていたいと思うけど、それは何歳になってもおなじ。私は13年間、むだなく精いっぱい生きたと思っています。(中略) 私に病気のことを教えてくれてありがとう。なぜなら、さようならを言えるから。(後略)

授業後のアンケートでは、感想がさまざまに述べられている。いずれにしても「深く感動し考えた」というものが多数を占めているが、なかには「よくわからなかった」という回答もあった。こうした授業をした場合、教師の側ではプラスの効果のみを期待するというのが当然とも考えられるが、なかにはこうしたがっかりさせるような感想もあるのが現実であるし当然でもある。また「深く感動し考えた」というものでも、よく見ていくといくつかのパターンにわかれる。ひとつは「生きることの大切さを考えることができた。前向きに生きていこうと思った」といったもの。ふたつめは「これをきっかけに命について考えてみようと思った」と、授業をきっかけとしてとらえているもの。もうひとつは「病気になったらこわいと思った。いつ死ぬかと思うと恐怖心が沸いてきた。」といった、いわば寝た子を覚ましてしまったグループである。

このように、生徒の感想文を見てみただけでも、授業の影響はさまざまに力を及ぼしていることがわかる。授業によって、まさにねらいどおりに「前向きに生きていこうと思った」という生徒が全部ではない。何人もの生徒が、これから考えようとしはじめたり、恐怖心をかき立てられたり、さらにはなんのことだか理解できなかったと答えているのである。こうしたグループを無視することなく、十分なフォローが必要とされる。Ａ中学校の授業では、最初に触れたように学級担任の周到な準備とフォローがあった。

この授業の特徴をまとめてみると、つぎの4点に示すことができる。

①外部講師による授業である：まず、普段の授業と違って若い大学生がやってきて授業をおこなうことによって、興味と関心が引き起こされた。

②講師が若い大学生で生徒との年齢差が少ない：授業者が大学生で中学生と年齢が近いことから、たがいに共感を得やすい面があった。

③リアリティのある死を素材としている：同世代の少女の生々しい死の事例をあつかったことで、強烈な印象をあたえ感性に訴えかけた。

④結論を示さないでともに考える授業である：結論を示さないで一緒に考える、結論を示せないので一緒に考えるといった姿勢を示した。

この授業では、生徒と同年齢の少女の生々しい死の現実を視覚的に突きつけて、強烈に感性に訴えるという方法をとっている。じつは筆者自身は、こうしたやり方にひそかに疑問をもっている。たしかに生徒にとって非日常のできごとといえる死の現実を、目に見える形でなまなましく突きつければ、興味を引くことも涙を誘うこともできる。しかし授業の目的は、感動を呼び起こし涙を流させることではない。生まれてきたことを感謝し、生きることに喜びを感じてほしい、そのための授業なのである。もちろん、そのために死を持ってきたのだと弁明することはできる。死の悲しさに対比させて、生の喜びを浮かび上がらせようという意図であることはわかっている。

ただ、私としては生の喜びを伝えるのなら、直接的な方法で伝えたいと思う。「死はこんなに悲しいできごとなんだよ、だからいのちを大切に」ではなく、「生きているってこんなに素晴らしいんだよ、だからいのちを大切に」と伝えていきたい。その方法を考えるのが「いのちの教育」を研究する目的なのだと考えている。

❖同世代の作文を読む（中学校）

前でみてきた授業は、いわば大学生という教育のアマチュアによる授業だった。つぎに紹介するのは、現職の教師という授業のプロによる実践例である。教師はそれぞれに授業の仕方を工夫したり研究したりして、日々の実践を積み重ねている。ここで紹介する宮内浩二氏は公立中学校の国語教師で、長年にわたって仮説実験授業の実践を続けている。その実践のひとつ「忘れられないご馳走」（『現代のエスプリ：生と死から学ぶいのちの教育』２０００年５月号）を見てみたい。

この授業は、高校生の書いた作文を素材にして、仮説実験授業の方法で1時間の授業を構成したものになっている。作文は雑誌『文芸春秋』(1996年4月号)に掲載された「第5回・文の甲子園」で最優秀作品となったもので、作者は沖縄県の高校2年生金城幸さんという女子生徒である。作文の物語は、ある日父親が家に連れ帰ったヤギの飼育をまかされ、かわいがり育てたが、最後に食べるために殺されてしまった、というものである。幸さんは、そのヤギにジョセフィーヌという名前までつけて、何ヶ月もの間本当にかわいがっていた。ところが12月の年の瀬も押し迫った29日の深夜、幸さんが寝ている間にジョセフィーヌは食べるために殺されて調理されてしまった。あまりのショックに幸さんは、自室に閉じこもり泣きつづけたが、大晦日の夜親類のおじさんにすすめられてヤギ汁を食べてしまった。すると、とてもおいしく、涙を流しながら残らず食べてしまったという結末になっている。作文の最後は次のような文章で終わっている。「正直言って、生き物を食べるとはどんな事なのか、まだ自分の答えは見つからない。しかし、私は今まで食べた生き物の命で生きている。その実感は大晦日のヤギ汁の味と同じくらい確かに、私を満ち足りた気分にするのだ。」

この作文をつかって授業を組み立てた宮内氏は、この作文についてつぎのように述べている。「他の生物の生命を奪いながら生きている〈捕食者としての人間〉、しかもその事実をほとんど自覚せずに生活している多くの人々の心情に揺さぶりをかけ、大いに考えさせてくれる力を持っている。」そして、こうした作品を素材として、授業を組み立てていくのが教師のつとめだとして、さらにつぎのようにたとえを用いて説明している。「このように優れた素材に、選択肢つきの問題や独特の授業運営法といった調理を施すことによって、誰の口にもなじみやすく、より一層素材の味を引き立たせる料理に仕上げたのが、この授業プランである。」

授業の詳しい内容についてはここで触れないが、道徳の時間にこの授業を受けた中学2年生の生徒たちの反応を見ておくことにしよう。生徒による授業評価では、クラスの34名のうち、31名が「とても楽しかった、楽しかった」と答えていて、授業者自身「ひさびさの三塁打」と自己評価している。感想文は授業者によって大きく4つのタイプに分類されている。ひとつは「幸さんの両親はひどい」という主張で、「子どもの大切にしているペットを殺してしまうなんて」とか「夜中にこっそり」などを非難しているものである。二つめは「仕方ないことだ」というタイプで、「やはり生き物を食べて暮らしているのが人間なのだから」という納得する意見。三つめは「思わず幸さんの身になってしまう」ということで、「幸さんがかわいそうだ」と同情している。最後が「犠牲になった動物のおかげで」ということで、生き物と人間との関係を客観的に理解して命の意味を深く捉えている感想である。

いずれにしても、生徒たちは作文の力に揺り動かされて、しかも授業者の周到な授業進行の術によって楽しみつつ、深くいのちの意味を考えているといえる。

4　総合的な学習といのちの教育

❖はじめに

昨今の子どもや青年たちの引き起こす問題や事件は、ますます深刻さと激しさの度を増しているように思われる。こうした状況の背景には、さまざまな要因が重層的に横たわっていることは明白である。つまり、少なくとも①子ども、②家族、③地域、④学校そして⑤社会といったレベルで、質的・量的な要因の変質が起こっていることを見逃すことのない視点が必要とされよう。子どもたちが、現実的あるいは根源的な不安感や孤独感を抱えていることは、筆者が最近実施した調査でも示されている[*1]。そうした状況の中で、子どもたちのニーズに応える形で、さまざまなメディアによる多量で刺激的な情報がダイレクトに届けられる。

私たちにいま必要とされているのは、メディアにもてあそばれている子どもたちと直接かかわり、その根源的なニーズにこたえることである。その具体案のひとつとして、筆者らは「いのちの教育」[*2]を提案している。

いのちの教育の意義と可能性について、総合的な学習の時間での展開を視野にいれて考察することが、本節の目的である。

❖「いのちの教育」が問いかけるもの

「いのち」の多面性

ここで「いのち」という表現について、まず定義を明確にしておく必要があろう。「いのち」は漢字であらわせば、「命」である。辞書によれば、命とは生命であり、生活の原動力であり、生活する期間でもある*[3]。命が終わることを死という。通常、命のはじまりから死までを想定した場合、それは「身体的な側面での生活する期間」ということである。つまり、命という文字から連想されることは、身体的な「いのち」である。

ここでWHOの定義を持ち出すまでもなく、私たちはただ身体的な存在なのではない。そうであるとするならば、少なくとも「心理的・精神的な命と死」や「社会的な命と死」も考慮しなければならないはずである。

そこで、私は身体的な死との関連で想起される「命」という言葉ではなく、「いのち」という表現を用いることを提案したいのである。「いのち」に対応する死とは、したがって身体的な死と、心理的な死、そして社会的な死を含む、「人間の死」である。

ただ、人間は統合的な存在である。心身の相関は明白であるし、社会関係のストレスが心身の状態に大きな影響を及ぼすことも自明である。つまり、人間の諸側面は互いに深く関連しているのであって、全人的な理解なしに、「いのち」の理解もできないことになる。

自分自身の存在そのものへの問いかけ

前述したように、子どもたちは根源的な不安や孤独感を抱えて生きている。筆者らのおこなった調査によると、10～11歳を中心とした思春期の時期に、「死について、あるいは命に限りがあるということについて」考えたことがあると、約90％の大学生が答えている。さらに、そのときの思いをたずねてみると、「悲しい」「恐い」「寂しい」「不安」などの回答が多数を占めている。その他にも自由記述で、「結論が出ない」「不思議」「複雑な気持ち」「死への拒否感」「自分の存在に対する疑問」「自分の存在に対する否定感」「眠れない思い」「だれにも会いたくない」など、不安と孤独あるいは絶望の思いがつづられている。

この時期は、第二次性徴の発現期であり、第二の誕生の時であるともいわれる。つまり、自分というものを知り、自分の生きかた、生きることの意味、生きるとはどういうことか、人間とは何か、そして死とは何かなどの、根源的な問いに直面せざるを得ないステージであるともいえよう。

こうした根源的で、深刻かつリアルな問いかけに、自問自答しながら子どもたちは不安な日々を送っているのである。そうしたときにこそ、家族や友人、あるいは教師が人間的で直接的なかかわりのなかで、その不安や恐れを共有していくことが望まれるのである。

❖総合的な学習の時間の意義

総合的な学習の時間とは

すでに周知のこととは思われるが、まず、総合的な学習の時間について、ざっと概観した上で議論をすすめることにしよう。

今回の学習指導要領の改訂は、小学校・中学校については平成10年12月に、高等学校については平成11年3月に告示された。そして平成12年4月からの移行措置を経て、小学校・中学校は平成14年4月から、高等学校は平成15年4月から実施されることになっている。

今回の改訂の中で大きな特徴とされる点が、「総合的な学習の時間」の設定である。そのために、年間100時間前後の学習時間が想定されている。これは、国語や算数などのいわゆる主要教科に次ぐ時間数の配分であるということになる。従来の教科、道徳そして特別活動の3領域にくわえて、総合的な学習の時間が設定される。

なぜ、それほどまでに総合的な学習に力点をおいた改訂がおこなわれたのであろうか。それはまず第一に、「生きる力」をはぐくむ必要性が、叫ばれているからであろう。平成8年7月の中央教育審議会の答申にしたがってまとめてみれば、課題発見から解決までの能力、他者との良い関係を維持できる豊かな人間性、そしてたくましく生きる力が期待されるということになる。

第二は、学校教育があまりに分化されており、児童生徒が学習の意味と目的を自覚的につかみにくくなっている現状への反省であろう。つまり、子どもたちの実生活に直接生かされない、あるいは日常では触れることのない概念や理論の学習は、興味や関心が薄くならざるをえないということである。

第三には、国際理解、情報、環境、福祉・健康などの具体的な問題に直面せざるを得ない社会状況に起因している。学校での学習が、そうした社会生活の中で必要とされており、まさに生きる力を個々の子どもが携えて、自主的・主体的に判断し行動しなければならないのが、現代社会だという認識である。

総合的な課題としてのいのちの問題

このようにみてくると、総合的な学習の時間は全人的課題としてのいのちの問題をあつかうのに、適しているといえるのではないだろうか。

いのちの問題は、まさに生涯をつうじての最大かつ最重要な課題である。また、子どもにとっても強い関心と興味を喚起されるテーマである。そして、いのちの問題を考えることは、個別の人間そのものだけでなく、さまざまな人間関係や社会・経済の問題、自然や宇宙とのかかわりを含む環境の問題など、まさに総合的な課題なのである。

つまり、いのちの問題を考えるときに、総合的な視点は不可欠であるということになる。逆に、総合的な学習の課題を考えたときに、その行き着くところは「いのち」の問題になるといっても過言ではないように思われる。

連携の必要性

学校で教科として総合的な学習の時間を展開するとき、それはとうていひとりの力だけで達成できるものではない。

課題の設定、資料の収集、指導案の作成、教材の準備そして実際の授業展開など、いずれのプロセスを考えてみても、多くの人々との連携が必要であり、またそのことによって、よりよい成果が期待できよう。

環境問題ひとつを考えてみても、社会学・経済学・法学的視点、生物学・化学・物理学的視点、保健学・心理学・倫理学的視点など、ありとあらゆる知識と考察方法が要求される。それには、社会科、理科、保健体育科などの教諭に、養護教諭やスクール・カウンセラー、さらには学校医や学校薬剤師など、学校内の多様なマンパワーを活かす必要がある。また、学校内だけではなく、生活の実態と結びつけて学習をすすめるためには、地域社会の社会資源を活用することも大切になってくる。

このように、総合的な学習の展開においては、実質的に多様な視点が必要であることから、多くの人材の活用と連携が必要なのである。

❖いのちの教育の展開

教科の学習といのちの教育

その性格からして、いのちの教育の場は、学校に限定されるものではない。家庭教育として、地域社会での教育・育成活動として、社会全体のレベルでの教育としても考慮されなければならない。その内容は、命の大切さや生と死の意味を考えることだけではなく、ひろく人間としての生きかたや人間関係の問題まで扱うことになる。

ここでは、すこし範囲を限定して、高等学校での保健の授業での展開を想定して考えてみたい。高等学校保健の新指導要領によれば、その目標はつぎのとおりである。「個人及び社会生活における、健康・安全について理解を深めるようにし、生涯を通じて自らの健康を適切に管理し、改善していく資質や能力を育てる。」

これを新指導要領の解説にしたがって要約すれば、「健康や安全の課題について、個人生活だけでなく社会生活をも視野にいれて総合的に認識・判断し、意思決定や行動の選択そして環境づくりが実践できる能力の育成にある」ということになる。つまり、文字どおり生きる力の育成である。

具体的な項目を列挙すれば、健康の考え方、健康の保持増進と疾病の予防、精神の健康，交通安全、応急手当、生涯の各段階における健康、保険・医療制度と地域の保健・医療機関の活用、環境と健康、環境と食品の保健、労働と健康などとなっている。

これらのどの項目をとりあげてみても、まさに総合的な視点が必要であり、総合的な学習そのものであり、いのちの教育であるといえよう。したがって、この保健という教科の学習と総合的な学習との連携によって、より有機的な教科編成や展開が期待できることになろう。

ここでは一例としての高等学校保健を取り上げてみたが、新指導要領の眼目が生きる力を育てることにある以上、他の科目・領域においても同様な展開は可能であろうし、またそれが試みられるべきでもあろうと考えられる。

予防的機能としてのいのちの教育

1995年度よりスタートした、文部省によるスクールカウンセリングの試験的な試みは、すでに多くの学校で展開され成果をあげつつある。この事業の開始は、中学校でのいじめの問題の深刻化が背景にあったことは、よく知られている。つまり、いじめの被害にあった生徒の自殺事件がおこったり、いじめそのものが命の大切さについての意識の低さをうかがわせるような性質・内容のものであったりしたからである。

そうした背景を考えると、スクールカウンセリングはいのちの教育に深く関係しているといえよう。あるいは、スクールカウンセリングの活動そのものが、いのちの教育であるということができよう。

問題の深刻化と多発化の状況を考えると、問題の発生に応じて被害生徒・加害生徒両者へのカウンセリング的対応は急務である。しかし同時に、中・長期的展望をもった、予防的な活動が必要とされている。他者の痛みを知り、思いやりある行動のできる子どもを育てる、いのちの教育が必要とされているのである。それは、まさに学校のメンタルヘルスの促進である。

先進的な試みとして、筆者がスーパーバイズしている東京都内のT学園では、2000年4月から、スクールカウンセラーが授業を担当することがおこなわれている。その意義としては、いくつかの点が考えられる。①心理学の専門家として、生徒の知的な好奇心に応えることができる。②授業をとおして、生徒の教室での実態を知ることができる。③授業で直接かかわりを持った生徒に問題を感じたときに、即座に対応ができる。④授業に参加している生徒は、直接カウンセラーの人となりを知ることができる。⑤そのことが、他の生徒に間接的に伝えられることによって、カウンセリングルームの存在がより身近なものとなる。

こうしたカウンセラーによる直接的な活動でなくても、教師へのコンサルテーションや、親へのアドバイスなどの日常業務の積み重ねが、学校のメンタルヘルスを高めることに役立つことは間違いないと思われる。

❖共有の意味

ここで根本的な点に触れておかねばならない。いのちの教育のあつかう、「いのち」そのものについてである。

「いのち」とはなにか。生とは何か。死とはなにか。いのちの教育であるいじょう、このことについて明確な答えを用意できていなくてはならないのであろうか。算数でも理科でも教科の教育は、当然にして答えが用意されている。答えを導き出す能力の醸成が、教科教育の主たる目的であったといってもいいであろう。いのちの教育も、同様であろうか。否、である。いのちの教育では、答えは「わからない」。そもそも、問題の設定そのものが、勇気とエネルギーを要することである。「死とは何か」という問題を設定して提示する。このこと自体が、抵抗と拒絶を引き起こしかねないことである。

困難を乗り越えて、やっとの思いで子どもたちに問題を突きつけたとしても、その後が順調に進行するわけではない。「先生は、どう思われるのですか？」「先生は、答えをわかっていらっしゃるのですか？」こうした質問を想定して、自らの死生観を明確化することに努力を傾け、その成果が得られて、しかる後にいのちの授業をはじめようと考えるべきなのだろうか。

やはり、否、である。あらゆる価値観、宗教、そして文化を越えて納得の得られる「答え」など、ありうるのだろうか。否、である。私にとって納得できる考え方でも、彼には得心がいかないかもしれない。彼にとってなんの抵抗のない考え方でも、彼女にとっては荒唐無稽に聞こえるかもしれない。

いのちの教育で扱う問題は、そんな類のものなのではないだろうか。とすれば、その答えは「わからない」というしかないのである。「わからない。けれど、生きている。」「わからない。だけど、生きていく。」

もちろん「わからない」ことほど、不安なことはない。わかってみれば柳の枝であっても、「わからない」とお化けのようにもおもわれる。不安で、恐くて、悲しくて、寂しいのである。

ただ、ひとりで歩いていると高まる不安も、ともに歩いてくれる人がいれば、ずいぶんと軽くなる。ときには、不安を共有していることによって、相手との親密度が増すことだってある。お化け屋敷でのデートの心理である。恐さを共有することの楽しさ、というのは現実問題としては不謹慎に聞こえるかもしれないが、教育とはそもそも楽しくなくては成り立たないとわたしは考える。

なぜ生きているのか、なぜ死ななければならないのか、そもそも人間とは何か、なんのために生まれてきたのか。どれひとつとして、子どもたちを納得させる答えは示せない。教師自身が、日夜考え悩み苦しんでいる、答えの出ない問題なのである。だとすれば、「先生にもわからない」と、自己開示すればいいのではないか。答えのない問題をかかえ、不安と恐れをかかえている自分をさらけだすのである。

そうして、子どもたちと問題を共有したとき、彼らの不安や恐れはどれほど癒され、荷が軽くなることであろうか。そのとき教師が子どもに指し示すのは、「わからない。けれど生きている、そして生きていく」という現実だけである。

✣まとめ

ここでは、いのちの教育を総合的な学習の時間との関連のなかでみてきた。今回の学習指導要領の改訂において、総合的な学習の時間には、多大な期待と希望が込められている。その総合的な学習によって生きる力を醸成しようというとき、いのちの教育の視点が大きな意味を持っているというのが、本節の主張であった。

いのちの教育というとき、それはあくまでもいのちの素晴らしさ、楽しさに光をあてる姿勢を前提としている。死への不安や恐さ悲しさ寂しさを、前面に打ち出しての教育ではない。死を教えたり、死への準備をする教育ではない。

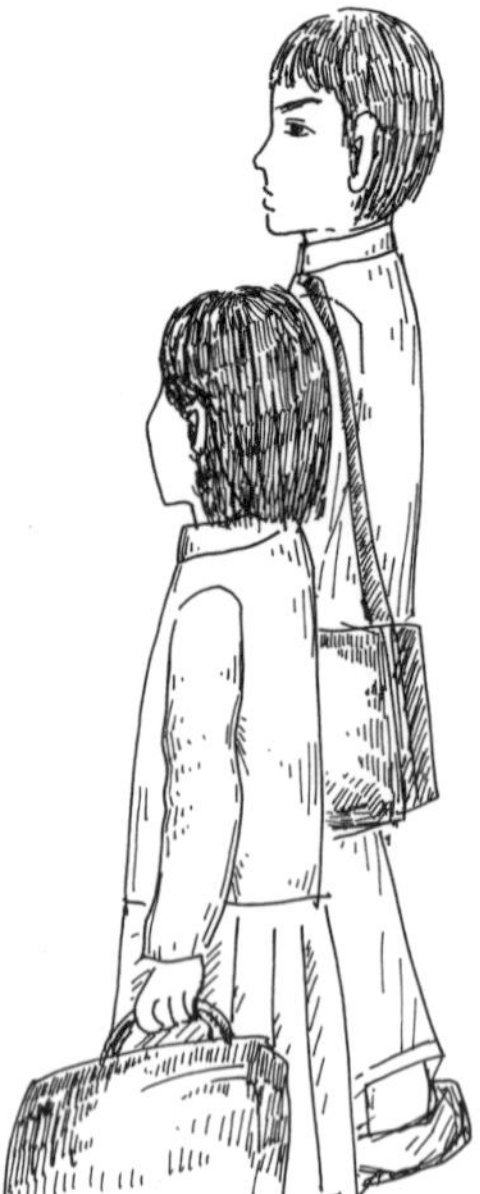

いのちの貴重さ、生の素晴らしさを実感し、主体的・自主的に生きる力を自分の物とできることが大切なのである。充実したいのちを生きることが、結果として死の準備になっているかもしれないのである。

生きる力を育てる総合的な学習の時間には、教科書もなければ、内容の選択も自由である。生きることの素晴らしさを児童生徒につたえる、いのちの教育の絶好の機会が到来したといえるのではないだろうか。

【注】

*1（121頁）　大学生約500名を対象とした調査で、現在集計作業中であるが2000年秋の日本学校メンタルヘルス学会で発表予定である。

*2（121頁）　筆者らは「子どもといのちの教育研究会」を1999年に発足させ、年一回の研究大会や、月一回のワークショップで、情報の収集・交換、実践事例の検討などを行っている。

*3（122頁）　金田一京介『明解国語辞典』昭和18年、三省堂。

5　授業といのちの教育

❖デス・エデュケーションといのちの教育

ここでは、いのちの教育と深いかかわりがある、デス・エデュケーションについて少し検討してみたい。いのちの教育とデス・エデュケーションとは、根本的な考え方や視点において相違点があるが、いのちの教育の具体的なプログラムを考えるときに、参考にできる点は少なくないと思われる。

ここにミネソタ州での、幼児から小学生・中学生までを対象とした、デス・エデュケーションの実態を紹介した文献[*1]がある。それによれば、このデス・エデュケーションの内容は、大きく①生物の死、②生命観、③人間の死という、三つの領域に分けられている。

①生物の死では、動植物の誕生から死までのプロセスを追って、生物の種類のちがいによる寿命や死亡原因の違いなどを具体的に調べている。

②生命観では、死を生き物の生命サイクルのなかの自然な現象としてとらえ、身近な魚、昆虫などの死から次第に人間の死へと視野を広げていく。そして、小学校高学年から中

学生くらいで、医療機関などの協力の下で、医学的あるいは法律的な死の意味についても学習する。

③人間の死では、自分自身の身近な死だけでなく、死別を体験した友人を励ましたり死にかかわる感情や気持ちなどを具体的に語り合ったりする。その際、話し合いやロール・プレイをもちいたり、ホスピスやさまざまな施設や機関での体験的な学習も取り入れている。

このように、デス・エデュケーションの例を見てみると、当然ながらすべてのベクトルが「死」に向かっていることに気づかされる。あらゆる学習活動が、「死」へと収斂しているのだ。いのちの教育の視点から見えてくるのは、ただひとつ低学年段階での学習内容の生命サイクルという考え方だけである。そこでは死を特別なものとしてあつかうのでなく、日常で経験する誕生、成長の延長上のできごととして気づ

かせるようにするとされている。しかし、それ以外は「死」一色であるといっても過言ではない。

さて、こうしたデス・エデュケーションから、いのちの教育へはどういった道すじで進んでいけばいいであろうか。上に示したデス・エデュケーションの内容は、狭義のいのちの教育と重なる部分が少なくない。これをどのように広げていけば、いのちの教育につなげていけるかという問題である。

同じ文献のなかで、著者らはミネソタ州の例をふまえながら、デス・エデュケーションとかかわる指導要領の内容を、小学生段階に限って整理している。ここでは現行の学習指導要領にのっとって、道徳、特別活動そして各教科の内容のうち、デス・エデュケーションとかかわりの深いものをピックアップして構成している。これを見てみると、その内容はかなり広がりをもっており、デス・エデュケーションよりも広義のいのちの教育にずいぶん近づいてきているように思われる。

前節でも触れたように、新学習指導要領では、これまでの教科等の内容が改訂されると同時に、あらたに総合的な学習の時間が設定されている。総合学習の時間については、その名称も内容も各学校が独自に設定できるとされている。その内容を修正しつつ、それを補う形で総合的な学習の時間の内容をアレンジしていけば、広義のいのちの教育のモデル・プログラムを作ることができると思うのである。

【注】

＊1（136頁）　牧野桂一他「学校におけるデス・エデュケーションのあり方」大分県教育センター紀要27集、1996

❖道徳といのちの教育

つぎに、新しい学習指導要領にもとづいて、小学校の学習内容といのちの教育の関係を検討してみることにする。著者自身は小学校の教育現場の実際について、多くの充分な情報をもっていない。したがってこれから提示することが、どれほど実際的に活用できるかどうかは不明である。しかし逆にだからこそ、純粋に学習指導要領といのちの教育との関連を、考えてみることができるのではないかとも思える。

新学習指導要領では、①各教科、②道徳、③特別活動そして④総合的な学習の時間の四つの領域が設定されている。まず、道徳との関係でいのちの教育を考えてみたいと思う。

道徳の目標はひとことでいえば道徳性を養うことにつきるが、より具体的には学習指導要

表4

学年	内容：3、主として自然や崇高なものとのかかわりに関すること。
低学年	(1)身近な自然に親しみ、動植物に優しい心で接する。 (2)生きることを喜び、生命を大切にする心をもつ。 (3)美しいものに触れ、すがすがしい心をもつ。
中学年	(1)自然のすばらしさや不思議さに感動し、自然や動植物を大切にする。 (2)生命の尊さを感じ取り、生命あるものを大切にする。 (3)美しいものや気高いものに感動する心をもつ。
高学年	(1)自然の偉大さを知り、自然環境を大切にする。 (2)生命がかけがえのないものであることを知り、自他の生命を尊重する。 (3)美しいものに感動する心や人間の力を越えたものに対する畏敬の念をもつ。

領の第1章総則に述べられている。そこには、「人間尊重の精神と生命に対する畏敬の念を、家庭、学校、その他社会における具体的な生活の中に生かし、豊かな心をもち」とある。これはまさに、いのちの教育の目指すものと一致した方向性といえる。

さて、具体的に学習内容を見ていくと、道徳の内容は、低学年、中学年そして高学年の三つの段階に区分されている。さらにそれぞれの段階ごとに、1、主として自分自身に関すること、2、主として他の人とのかかわりに関すること、3、主として自然や崇高なものとのかかわりに関すること、4、主として集団や社会とのかかわりに関すること、と四つの領域で構成されている。

いのちの教育との関連でみていくと、この四つの領域のうち2の「主として他の人とのかかわりに関すること」も見のがせないが、やはり3の「主として自然や崇高なものとのかかわりに関すること」が中心となる。ということで、

３について学年をとおして全体を表にまとめてみた。

表で示された内容について学年を追ってみていくと、児童の発達に応じて次第に学習内容が深まるように設定されていることがわかる。いのちの教育ともっとも強い関連があると思われる(2)を見てみると、低学年では「生きることを喜び」、中学年では「生命の尊さを感じ取り」、そして高学年では「生命のかけがえのなさを知る」ようになることをめざす、といった具合である。

『小学校学習指導要領解説』（以下『解説』）（文部省、１９９９）を参照しながら、(2)の内容についてもう少しくわしくねらいを見てみたい。低学年では「朝元気に起きられる。おいしく朝食が食べられる。学校に来てみんなと楽しく学習や生活ができる。」といった日常の中での「生きている証」に注目させるように求められている。中学年では「自分の誕生や生育の過程、病気やけがをしたときの様子などを思い浮かべることから、自分の生命の尊さを知り、同様に生命あるもののすべてを大切にしようとする心を育てることができる」としている。そして高学年では「人間の誕生の喜びや死の重さ、生きることの尊さを知ることから、自他の生命を尊重し力強く生きぬこうとする心を育てるとともに、生命に対する畏敬の念を育てることが大切である」と述べられている。

このように見てみると、道徳の領域の中にいのちの教育の核心ともいうべき内容が、発達段階に応じて巧みに組み入れられていることがわかる。また、こうした内容をどのように指導すればよいか、また教材をいかに用いるかについても、解説はくわしく触れている。

『解説』の第4章道徳の時間の指導をみると、具体的に展開のしかたについてのヒントが書かれている。そこでのキーワードは「心に響く」であると考えられる。「心に響き心が動く指導法の創意工夫」として、資料の工夫、発問の工夫、表現の工夫、話し合いの工夫などのそれぞれについて例示しながら説明されている。

とくに資料については、「心に響く資料の選定」として別項目でも解説している。そこで注目されるのは、「資料を選定する教師自身の心に響いてこそ、よい資料である」という記述である。教師の心に響き、それが児童の心にも響きあい、その感情を共有することを求めているのである。また、資料の具備すべき要件として、「生や死の問題、人間としてよりよく生きることの意味などを深く考えさせられる資料」が求められていることも見逃せない。まさに「いのちの教育」のめざすところと、ここにも一致点がみいだされるのである。

✣他の教科といのちの教育

ここでは、2002年度から施行されている新しい学習指導要領にもとづいて、小学校の学習内容のうち「各教科」といのちの教育の関係を検討してみたい。道徳といのちの教育との関係を検討して明らかになったように、そこには重なる部分が少なくないのだった。学習指導要領の総則には、「学校における道徳教育は、学校の教育活動全体を通じて行うものであり、道徳の時間をはじめとして各教科、特別活動及び総合的な学習の時間のそれぞれの特質に応じて適切な指導を行わなければならない」とある。つまり、道徳教育が道徳の時間だけでなく各教科などでも行われるものだとすれば、いのちの教育も各教科などでおこなうるということになるだろう。

さて、各教科の学習内容を、「いのちの教育」と重なる部分について、指導要領の記述の順にみていくことにしよう。まず国語である。国語はその「目標」にあるように「伝え合う力を高める」ことが、大切な点のひとつとなっている。そして、学年ごとに具体的な目標や内容について示されているが、全体をとおしての指導計画の作成についての項で、教材の取り上げ方についてつぎのような観点が示されている。10項目あげられているうち、中ほどの3項目が「いのちの教育」の視点から見れば重要である。列挙すると、以下のとおりである。

オ　生活を明るくし、強く正しく生きる意志を育てるのに役立つこと。
カ　生命を尊重し、他人を思いやる心を育てるのに役立つこと。
キ　自然を愛し、美しいものに感動する心を育てるのに役立つこと。

次は理科である。理科は3学年からはじまることになっている。その目標には「生物を愛護する態度を育てる」とあるように、「いのちの教育」とは関連の深い内容が盛りだくさんである。とくに第5学年では「生命を尊重する態度を育てるとともに、生命の連続性についての見方や考え方を養う」とあり、内容としても「人は、母体内で成長して生まれること」を教えることとなっている。さらに第6学年では、「生きている植物体や枯れた植物体は動物によって食べられること」さらに、「生物は、食べ物、水及び空気を通して周囲の環境とかかわって生きていること」に触れることになっている。

つぎは、第1学年と第2学年で教えられる生活をみてみよう。目標にあるように「身近な動物や植物などの自然とのかかわりに関心をもち、自然を大切にしたり、自分たちの遊びや生活を工夫する」という、まさに低学年向けの「いのちの教育」そのものと重なり合う部分が多い。具体的な内容について示されているものを見れば、さらにそのことは明白である。つまり、「動物を飼ったり植物を育てたりして、それらの育つ場所、変化や成長の様子に関心をもち、また、それらは生命をもっていることや成長していることに気づき、生き物への親しみをもち、大切にすることができるようにする」ということなのである。

つぎに体育をみてみたい。第3学年、第4学年の目標には、「健康な生活及び体の発育・発達について理解できるようにし、身近な生活において健康で安全な生活を営む資質や能力を育てる」とある。同時に内容のF.保健では「健康の大切さを認識するとともに、健康によい生活の仕方が理解できるようにする」とある。健康な生活、安全な生活とは、つまり「いのちを大切にする生活」ということであるといえるから、ここに書かれていることはそのまま「いのちの教育」の目標と内容である、といっても過言ではないであろう。

このように、小学校の新学習指導要領を参照しながら、小学校の学習と「いのちの教育」の関係を見てきて、そこには多くの共通項が見出された。もちろんより具体的には、各教科等の「小学校学習指導要領解説」書や教科書、副読本等を参照しつつ詳細に検討する必要がある。しかし、ここで示したように指導要領そのものを丹念に見ていくだけでも、小学校の学習の目標と内容が「いのちの教育」と重なる部分が多いことがあきらかとなってきた。

著者としては、いずれは「いのちの教育」が独立した科目として設定されることを願いたい。しかし当面は、各教科、道徳、特別活動そして総合的な学習の時間といった、小学校でのあらゆる学習の機会に分散している「いのちの教育」と関連する内容を、意図的に関連付けて組み立てていく発想がもとめられる。ここで触れた国語、理科、生活、体育の4教科だけでなく、他の教科でももちろんいのちの教育と関連した内容はあつかわれる。社会、算数、音楽、図画工作、家庭の各教科内容についても、丹念に見ていく必要があるのである。

また、1年生からはじまる生活、3年生からはじまる社会と理科、総合学習、そして5年生からはじまる家庭という構成は、「いのちの教育」の視点から見ても興味深いものである。子どもたちの命の意識のめばえや、心理・社会的な発達課題をふまえた「いのちの教育」の学年別構成については、この章の始めのほうで触れてきた。その内容と、大いに符合するところがあると考えられるのである。

第6章＊家庭でのいのちの教育

1　私論の試み

この章では、家庭でのいのちの教育についての私論をエッセイ風に書いてみたい。具体的には自分自身の経験してきたことを、いのちとの関係で思い出せる限りにおいて書き連ねてみようということである。家庭でのいのちの教育について、私自身まだ理論構築できるほどに調査も研究もできていない、というのがその理由である。

しかし、だからといって自分自身の家庭での経験を開示することに、どのような意味があるだろうか。それは、第5章までで述べてきた学校でのいのちの教育を考えるときに、私自身のスクール・カウンセラーとしての経験が重要な意味を持っていたことと同じことと考えている。また、私自身が児童・生徒として学校に通ったときの体験も重要であるし、私の教師としての経験も大きな意味を持っているのはもちろんである。

以上のような意味で、まず私自身が受けた家庭教育、私のおこなってきた家庭教育を書き連ねてみたい。それらを基礎にすることから、今後の研究の方向性が見えてくるのではないかと考えられるのである。

2　自然と動物

❖自然と動物

金魚のいのち

つい最近のできごとだが、ある日、ご近所の玄関に張り紙がしてあった。

「金魚あずかってます。」

我が家の夕食時の話題は、しばらくそのことで持ちきりになった。金魚を金魚屋さんからあずかっていて、近所の人にお分けしますということかもしれない。いいや、金魚の入った小さなビニール袋をフェンスに引っ掛けたまま、だれかが忘れていってしまったのを、あずかっているんじゃないだろうか。など、いろいろな考えが浮かんでは消えた。

何日かして、その家の方と話をするチャンスがあったので、おそるおそる伺ってみると、なんと信じられないような話だった。ある朝、ほんとうに金魚が駐車場の土の上にいたのだそうだ。息も絶え絶えだったので、あわてて洗い桶に浄水器の水を入れて放すと、元気を取り戻したという。その方は、近所の家々をまわって、行方不明の金魚の心当たりをたずねたそうだが、結局わからない。それで、張り紙を出したということだった。

私にとって最近いちばん気になるのは、命の大切さが知らず知らずのうちに、軽くあつかわれているように思えることだ。それで、専門的な立場から、「いのちの教育」の方法や理論を研究している。身近な命が消えていくときこそ、子どもたちとその悲しみや辛さを共有して、命の大切さやかけがえのなさを教えていきたいと思う。近所のおばさん、おじさんが迷子の金魚の家を探してまわった、この小さなできごとは、地域の子どもたちにとって生きたいのちの教育になったのではないだろうか。

ところが、「金魚あずかってます」と、まったく逆の話も耳にする。金魚が死んだとき、庭に小さな穴を掘って、お墓を作ってあげるというのは多くの人の経験していることであろう。私が子どものころ、わが家の庭の小さな池に金魚を飼っていた。母親がゆで卵の白身を口の中で嚙み砕いて、それをそっと池の金魚に与えるのを、みようみまねでやっていたのを思い出す。そんなふうに可愛がって育てていても、ときには死んでしまうことがある。そんなとき、死んだ金魚を庭の片隅に埋めて、小さな石を目印において母親と手を合わせた思い出がある。また、我が家の娘とも同じようなことを、なんどもしてきた。

ところが、ある母親は死んだ金魚を生ごみとして捨てるというのだ。また、別の母親は、ネコに食べさせるという。もっと衝撃的な話もある。ある家では、死んだ金魚はトイレに流すというようだ。テレビゲームのやり直しのように、リセットボタンを押す感覚だ。何もなかったように、死んだ金魚は目の前からきれいに消えてなくなる。

私は、これらの話を聞いたとき、背筋がぞっと寒くなった。子どもたちはどうなるのだろう。子どもたちの、金魚との想い出をあっさりと捨ててしまうことが、どれほど子どもたちを傷つけるのだろうと心配でならない。

そんなときだからこそ、私の心に「金魚あずかってます」の話は強く響いてきたのだ。ひとりでも多くの人たちが、金魚を預かってくださることを願っている。

イヌと人間

わが家では3人の人間と、2頭の犬が暮らしている。3人の人間は私たち夫婦と娘という親子であり、2頭の犬は真っ黒いラブラドール・レトリーバーの母親と娘である。考えてみると、女4対男1という私にとっては結構幸せな組み合わせの集団である。

母ラブは今年11歳、娘ラブは4歳になる。4年前私たちのベッド・ルームの片隅で、健気にもひとりで6頭の子ラブを出産したのである。もちろん私たち家族も出産をただ見ていたわけではない。毛布やタオルやタオルケットや新聞紙や、たらいにいっぱいのお湯や、へその緒を切るためのハサミやらと、準備万端でスタンバイしていたのである。ところが、リハーサルもなく事前のなんの学習もなかったはずなのに、彼女はたったひとりでつぎつぎと6頭の子どもたちをこの世に産み落としたのである。私たちが手出しをする場面はまるでなかった。感嘆の声を上げながら、ただビデオカメラを回しつづけただけである。

6頭の子どもたちは、順調に成長をはじめた。目も開かず、よろよろとうごめきながら、それでも母親の乳房にくらいつく。そして眠り、目を覚ますと排尿と排便。母親は、子どもたちの尿や便をきれいに舐めつくす。尿といっても、スポイトでちょっとたらしたほどの量。便といっても子ども用の歯磨き粉を、チューブからちょっと押し出したくらいのものである。事実そのころの便は、真っ白でミルクを半練状にしたような感じだった。

それでも6頭分を全部食べてしまうというのは、なかなか辛い仕事ではなかろうか。母親が始末し切れなかったときは、私たちがティッシュ・ペーパーなどできれいにしてやる。やがて子どもたちが走り回るようになると、家中いたるところで小さな水溜りや、かわいい固形物が転がっている。一日中、尿と便を追いかけまわる毎日だった。

いくらかわいくても、6頭全部の子どもたちをそのまま家で育てることはできない。知り合いに声を掛けると、つぎつぎと元気の良い順にもらわれていくことになった。最後に残ったのが、いま母親と一緒にわが家で暮らしている娘である。一番小さく、動きがにぶく、いつも部屋の片隅でひとり遊びをしていたヤツである。抱き上げて顔を近づけると、フイっと視線を避けて顔をそむけてしまう。目を合わせることもないし、尻尾をふることもしない。そんな具合だったから、誰からももらわれずわが家に残ったのだった。

ところが、やはり母親と一緒に暮らしていることが、良くも悪くも強い意味を持っているようである。たまに6頭の子どもたちが顔を合わせたりすると、一番元気なのは我が家に残った娘なのである。いまだに身体は小さいが、広い草原を走り回ったり、太い倒木をくわえてきたり、その元気さ活発さはおどろくほどである。いっぽうで甘えぶりも一番かもしれない。母親にもべったりと甘えるし、私たちにも一日に一回はしっかりと甘えてくる。誰からも叱られず、とりたててしつけをされたわけではない。それでも「シット(お座り)!」や「ウェイト(待て)!」も母親の真似をしながら、ごく自然に覚えてしまった。

甘えん坊で寂しがり屋の彼女は、家族の誰かが外出しているときは、心配でたまらないといったように帰宅するまで落ちつかない。うたた寝をしていても、玄関先で物音を感じると、まず飛び起きて調べにいく。それを何度も何度もくり返しているから、全員が帰宅して揃った後、疲れきってぐったりと眠ってしまう。帰ってきた瞬間は、もう大変である。こちらも座り込んで抱きしめてやると、「ウーウー、ギューギュー!」と寂しかった気持ちを訴える。人間の言葉にはなっていないが、彼女なりの言葉で「さみしかったよー、早く帰ってきて欲しかったよー、どこへ行ってたのー」と訴えているのである。私には本当にそう聞こえる。

彼女がそんなふうに身を預けて、つぶらなひとみに涙を浮かべて言葉にならない言葉で訴えている姿をみていると、私の目にも涙があふれてくる。しゃべりたい思いがこんなにあるのに、言葉にならない。そのもどかしさが、彼女のひとみにあふれているのである。

ネコは顔を洗うということを聞いていたが、実は犬も顔を洗う。足の裏も舐めてきれいにするし、あごの下をなぜてやると喜ぶ。いびきをかくし、ため息もつく。おならもするし、くしゃみもする。寝言も言うし、寝返りも打つ。全部当然のことなのかもしれないが、私は彼女たちと一緒に寝起きをしてはじめて知ったことばかりである。

朝起きたら「おはよう」と抱きしめあい、夜寝るときには「おやすみ」と抱きしめる。黒ラブの親子と私たちは、体も心も魂をも、あたためあう関係なのである。

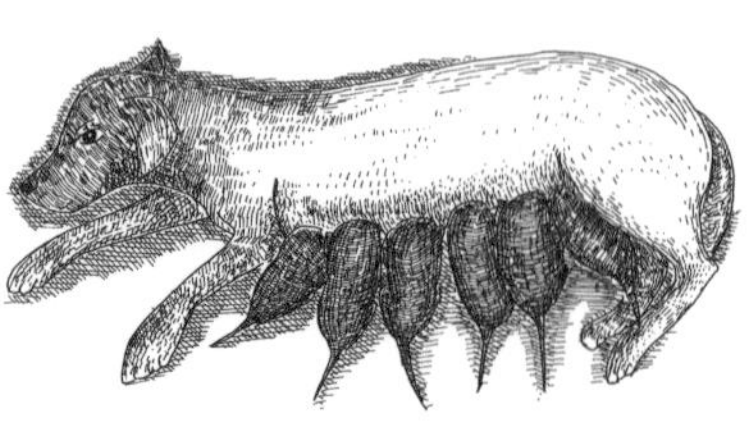

ネコと鶏

娘がまだ小学生だったころ、わが家には犬のほかにネコと鶏がいた。とても気位の高いシャムネコで、スマートな身体をくねらせ尻尾を高々と上げて、キャットウォークをしていたものだ。人はネコ派とイヌ派にわけられるともいうが、両方ＯＫという人も少なくないように思う。わが家はまさに両方ＯＫ派で、ついでに鶏も飼っていた。

４羽の鶏は全部メスで、毎日きちんと卵を産んでくれる。３人家族なので、毎日１個ずつ卵がある。１週間すると、たまった卵を実家の両親に届ける。この卵が、またおいしい。卵には味があるが、本当においしい卵には匂いがあるのである。味と匂いと色とつや。五感を使って食するのが、卵のおいしい食べ方である。

鶏を飼っているといっても、庭の片隅にある鶏小屋の戸は開けっ放しである。朝になると彼女らは勝手に庭に出て草などをついばみ、夜になるとこれまた勝手に小屋の定位置で眠りにつく。当時住んでいた家は、郊外の農家の一角に見つけた小さな貸家であった。家は小さいが、庭は結構広く、今は成人した娘に言わせれば、当時はこわくて庭の奥のほうには行ったことがなかったという。すこしオーバーな感じもするが、小学生の子どもにしてみればそれほどに広さを感じていたのだろう。

そんな庭を闊歩している鶏たちは、どうもそれぞれがお気に入りの場所があるらしく、思わぬときに思わぬところで卵を見つけることがあった。家族みんなで、ときどき庭中を探し回ってみる。アジサイの大きな株の根元や、皐月の植え込みの陰などに、ころりと真っ白い卵を見つけたのも一度や二度ではなかった。

そんなわけで、自由に暮らしている鶏たちは、不思議とわが家の敷地から外へはめったに出なかった。ところが、なにかの加減で外へ出てしまったときは大変だった。どうも一羽姿が見えない。近所を探すと、隣の家の庭をとことこ歩いている。足元の地面をときどきつついたりしながら、のんきに散歩をしている。こっちは大慌てで、走っていって捕まえようとする。するりと逃げる。逃げるから追う。追うとさらに逃げる。行き止まりで、どうだ捕まえたぞとばかりに飛びつくと、敵は立ち木の枝へと舞い上がる。彼女には羽があるのだった。一緒に追いかけまわしている娘は、おおよろこびである。

そんな捕り物劇に疲れはてたころ、妻が餌で引きつけたらどうかと知恵を出す。ならばと、餌をぱっとまくと、ふわっと木の枝から飛び降りてきて地面をついばむ。食べ尽くすのを待って、また別のところへ餌をまく。飛んできて食べる。またまく。食べる。まく。食べる。なんと単純な作業のくり返し。そして、

ついにめでたくわが陣地までおびき寄せたのだった。押しても駄目なら引いてみなとは、このことなのだった。

リスとねずみ

富士山の近くにあるわが山荘のウッド・デッキには、リスがやってくる。ハンド・メイドの餌台にヒマワリの種を置いてやるのが、山荘での毎朝の日課である。

敷地内にも数百本の林があるが、リスが暮らすテリトリーとしては狭すぎるのだろう。どうやら少し離れた原生林のなかに住みかを持っているらしく、隣の山荘の林から顔を出し、道路を横切ってわが敷地内に入ってくる。そのまま地面を走ってくれば最短距離で餌台に到達できると思われるのに、彼らはとりあえず手近な樹木に取り付く。スルスルっと駆け上り、その木のはるか上のほうで、隣の木の枝に飛び移る。木から木へと、はるか上空で飛び移りながら、餌台の真上にやってくる。そして目的のヒマワリの種を手に入れるのである。この手際は見事なものである。

しかも、その後が良い。餌台にちょこんと後ろ足で座って、両手でヒマワリの種をつかんでは口に持っていく。もちろんフサフサの尻尾が風にゆれながら立っている。もぐもぐしながら、皮をぺっとはきだす。あたりをきょろきょろと見回しながら、実にうまそうに食べ続ける。なんとも可愛らしく美しい。

美しいといえば、カケスも負けていない。大柄で他の小鳥を蹴散らしてしまうので、わが家ではあまり評判の良くない鳥だが、その羽の鮮やかな青はほんとうにきれいである。ちょっとひょうきんな姿で、美しい黄色のくちばしのイカルは、わが家の人気者である。数十羽が餌台に群がって、ヒマワリの種をついばむ様子はみごとである。そのほかにも、シジュウカラ、ゴジュウカラ、ヤマガラ、コガラなどの人なつっこい小鳥たちもたくさんやってくる。わざわざヒマワリの種を買ってきて餌台に置くのは、ただ単に彼らリスや小鳥たちの姿を楽しみたいという単純な目的のためなのである。

逆に、姿を見たくないのはネズミである。見ようによっては愛らしいともいえるのだが、どうもネズミは嫌われ者である。わが山荘にもネズミはいるらしい。というのは生きて走り回ったり、餌を食べたりしている姿は見たことがないが、ミイラ化した死体を発見したことがあるからである。

寒い季節にはめったに行かないのだが、ちょっとした用事があって真冬のある日山荘へとやってきた。凍結防止のため冬季は水道の水抜きをしているので、到着後まず水道の水をとおさなければトイレもつかえない。家中の解放してある蛇口を閉めてまわる。通水する前に全部の蛇口を閉めておかなくては、大変なことになってしまうからである。最後に洗濯機につながっている蛇口を閉めて、なにげなくその中をのぞいたときミイラを発見したのである。

本当に小さなネズミたちがミイラ化して、4体も洗濯機の底に横たわっている。互いに身を寄せ合って、小さく固まっている。もがきながら何度もツルツルの洗濯機の内壁を駆け上ろうと試みたのであろう。前人未到の絶壁のように、彼らの前に立ちはだかった洗濯機の内壁。どれほどに苦しく、空しい努力を重ねたことだろう。おもわず涙を誘う光景であった。

そして涙に潤む目を、ふと内壁の上部へと転じたとき、私はそこに新たな犠牲者を発見した。洗濯物の糸くずなどの、小さなゴミをすくい取るために設置された網袋の中に、彼らの仲間の一匹が干からびていたのである。ただ一匹、そこまで駆け上ったのであろうか。あるいは5匹が肩車をして、最上段の彼が網袋に到達したのかもしれない。ただその網袋の上には、非情のオーバーハングが存在していた。さすがの彼も、その難関をクリアすることができなかったのであろう。

私はネズミたちのミイラを庭の片隅に埋葬して弔いながら、ネズミの努力とリスの努力の違いを考察していた。ネズミが洗濯機の内壁を力をあわせて駆け上る努力と、リスが木から木へと用心を重ねながら飛び移り餌台に到達する努力の意味の違いである。結論はまだ出ていない。

✣森とゴキブリ

私は東京郊外のターミナル駅から歩いて10分ほどのところに住んでいる。わが家に隣接して市民の森が広がっているので、年中森林浴をしているようなものである。そんな自然いっぱいの環境だが、森を抜けて３分ほど行くとコンビニエンス・ストアはあるし、10分ほど歩けば駅前の繁華街で、デパートなどのビルが林立している。

夏休みなどにデパートに行くと、じつにさまざまな昆虫たちが売られている。虫は売買するものではなくて、野原や山で採るものではなかったのか。野菜や果物も、魚も肉も買う時代なのだから、昆虫も店で買ってよいのだろうか。ペットショップで売られている犬やネコも涙を誘うが、デパートのクワガタもなぜか切なかった。特に巨大な外国産のクワガタは、はるかアジアの片隅の冷房の効いたデパートで売られる身となって、どんな思いかと同情を禁じえないのである。

スズムシがわが家で、数え切れないほど飼育されていたことがある。親類のおばちゃまがくれはったのである。無数にいるので、だんだん成長とともに小さな飼育箱のスズムシ密度が高くなってしまった。で、ある日うちの前の路地で遊んでいる小学生の女の子に、スズムシ欲しくないかと訊いてみた。即座に彼女は、スズムシは夜うるさいでしょ、と言うのである。私としては、それは確かに鳴けばうるさいともいえるが、でもスズムシだよ、スズムシの鳴き声だよ、と言いたかったが飲み込んだ。言葉が出なかった。悲しかった。

泣き虫、弱虫という言い方からして、ムシという言葉にはネガティブなイメージが張り付いているようである。泣き虫があるなら、笑い虫があっても良いではないか。弱虫があるなら、強虫があっても、といいたい。ところが、虫歯、水虫、町のうじ虫とかダニとか、ゲジゲジ野郎など、虫がつくとあまり良いイメージは出てこない。そういえば、虫が付く、虫が好かないというのもあるし、どうも言葉の世界では虫にとって形勢がよろしくないようである。

夏の夕暮れのことだった。中学1年生くらいの少女が三人、ガードレールにもたれかかって、携帯電話の小さな画面を覗き込んでいる。私は特に彼女らに興味があったわけではなく、たまたま犬と一緒に散歩の途中だったのである。なんということもなく通り過ぎようとしたとき、少女のひとりが足元に目をやって、

「あ、ゴキブリだ」

と小さくつぶやいた。叫んだというのではなく、ひとり言のようにつぶやいたのだった。すると、他の2人も視線を足元の地面に移して言った。

「ホントだ。でも、外で見るとこわくないね。」

「そうだね。」

そして、なにもなかったかのように視線を携帯電話に戻したのである。ゴキブリも虫なのである。虫は本来、自然の中にいるべきものなのかもしれない、などと思った夕暮れだった。

わが家の隣の森が緑でいっぱいになるころには、近所の子どもたちが虫かごを持って集まってくる。地面を掘ったり、木々を見上げたりしながら目的の虫を探している。彼らの目的はクワガタムシやカブトムシなのだろうが、なかには一所懸命ゴキブリを集めてよろこんでいる少年が混じっていたりしたら面白いかもしれない。

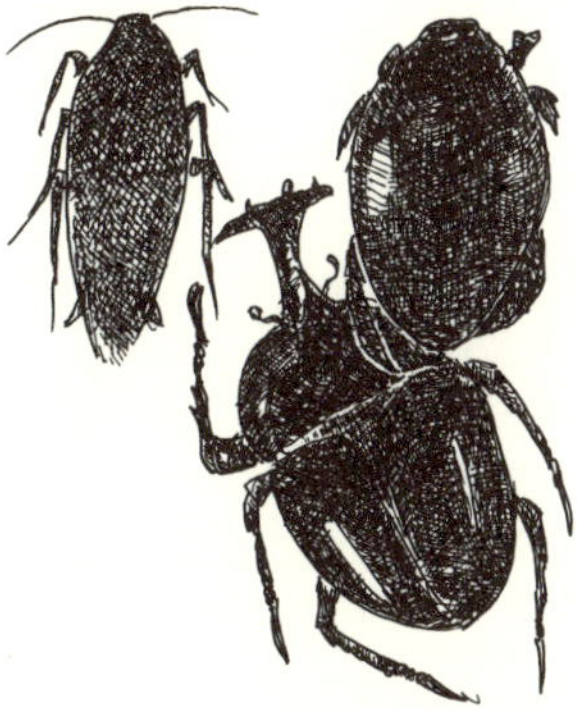

❖富士山

富士山は姿の美しいヤマである。堂々としている。孤高の山でもある。したがって日本中に富士山にあやかった名前の山がたくさんある。今ただちに名前が出てくるのは、讃岐富士、榛名富士、南部片富士くらいのものだが、きっと無数にあるに違いない。銀座といえば東京都中央区にあるだけではなくて、全国津々浦々無数の銀座があるのと事情が似ている。

富士山はなんといっても日本列島の最高峰である。人の名前に「ふじ」が使われることも多い。男性では富士也、富士夫などであるが、女性であればなんといっても富士子である。「ふじこ」という音を聞いて山本富士子を思いおこすのは、ある一定の年齢以上の方であろう。ルパン三世を思い出す人もいれば、ヤワラちゃんを連想する人もあるだろう。とにかく富士山は偉大な山なのであった。

わが家の山荘は、その偉大な富士山の裾野にはりつくように立っている。広大な原生林のなかに自然の立ち木を極力残しながら建てられた、木造の2階建てである。そのあたりはもともと湿気の多いところだそうだが、その林の中に埋もれるようにして建てられているので、カビが生えたり腐ったりで大変である。

とにかくその山荘に、年に何日かこもって仕事をしたりするのだが、そこで思わぬ体験をすることがある。都会では想像もできないような、動物たちとの出会いもある。ある日、夜道をひとり山荘へと車で急いでいたときのことは、忘れられない。真っ暗な夜道を寂しく走っていると、なにげなく斜め前方の路肩の土手にけはいを感じた。通りすぎざまにふと目をやると、そこには10数匹の狐たちが群れをなしていて、こちらを光る目でじっと見つめているのであった。鋭く光る数十の目をいまでもはっきりと思い出す。

富士山そのものに関することで印象深いのは、昼間の富士山と夜の富士山の違いである。朝焼けの富士山や、夕暮れ時の富士山も美しいし、笠雲がかかった姿も独特である。これらについては、語られることも多い。しかし、夜の富士山について語るのを聞いたことがない。存外知らない人も多いのではないだろうか。

夜の富士山は黒いのである。空自体が暗いのだが、そのなかに一層黒い漆黒のピラミッド状の、富士山のシルエットが存在するのである。とにかく黒いのだ。

関東地方に育った私にとって、富士山、とくに冬の富士山といえば、白い存在であった。つまり、昼間見る冬の雪化粧をした富士山である。そもそも、夏の赤茶色の富士山さえ、ほとんど印象にない。東京辺りから、夜間に富士山を見ることができるのかどうか、そのことさえ知らないし、考えたこともない。しかし、富士山の裾野に寝起きしてみると、夜の夜中に富士山を見上げることが特別なことではない。とにかく夜の富士山は黒いのである。富士山ほど多くの人に知られた存在でさえ、知っているのはじつは限られた一面にすぎないのである。

3　地域の意味

✣田畑と森に囲まれた暮らし

娘が小学校に入学するときになって、私たち夫婦は引越しを考えた。それにはいくつかの理由があった。そのうちの大きなものは、田園地帯で暮らしたいということと、娘を多様な家庭背景で育った子どもたちとともに学ばせたい、というふたつの思いであった。

それまで暮らしていたのは、東京郊外のいわゆるニュータウンと呼ばれる、人口が1万人を超える大規模開発の新興住宅地であった。きれいで便利で住みやすかったのであるが、すでにキャンプ生活になじんでいた私たちは、もっと自然に近く不便な暮らしをもとめていた。そのために、まだ開発の進んでいない昔ながらの田畑の広がる地域に居を構えたいと考えた。

もうひとつの理由は、ニュータウンの小学校では多様な家庭で育った子どもたちと触れ合うことができないと思ったからである。ニュータウンに暮らすのは、その多くが東京の都心に勤務しているサラリーマン家庭の人たちなのである。私たち親としてみれば、娘にもっと多様な家族の中で育った級友たちとかかわりを持って欲しかったのである。ついでにいえば、同じ理由から私立の学校は選択の対象にはなりえなかった。

さて、私たちが新しく見つけた借家は、集落の一番はずれにある平屋の古い木造住宅であった。広い庭はあるが、家そのものはそれほど大きくはない。しかし部屋はすべてふすまで仕切るようになっているから、引越し時のふすまを外した家の中はただ広い。しかも木製の建具だから隙間だらけで、夜布団で寝ていると、前髪が風にゆれていたりする。しばらく空家になっていた家を、無理やり頼んで貸してもらったのである。まず私たちがやらなければならなかったのは、大々的な大掃除であった。

手伝いに来てくれた知り合いも帰り、家族3人だけになったとき、私の心の中に言葉にできない不安がわいてきたのを思い出す。「となりのトトロ」をご存知の方も多いと思う。あの映画を見るたびに、私は自分たちの引越しの夜を思い出すのである。なんとか掃除が終わって入った、最初の晩の風呂。わけもなく、から元気でふざけたり、声を出して歌ったり。眠りの床についてから耳を澄ますと、夜の風がおこす木の葉のざわめきが、見知らぬ神秘的な存在のつぶやきのように聞こえてきたりした。

それでも毎日の生活に慣れてくると、私たちの選択は間違っていないことがはっきりとしてきた。近所の人たちは、本当に純朴で親切であった。朝起きて玄関の引き戸を開けると、そこに採れたての大根やニンジンが置いてあったりした。良い意味で時間の流れが数十年も止まっているような、そんな不思議な地域だった。引っ越して数年したころ、近くの交差点に信号機がついた。小学校までの半径1キロほどの地域で、はじめての信号機だった。一日中、信号機の近くでは、近所の家のおじいさんが小さな孫を膝に抱いて路肩に座り込んでいる。なにをしているのかと思ったら、信号機をただひたすら見つめているのである。そして、おじいさんは孫に語りかける。「ほら赤だよ。今度は青になったよ。」

娘は友だちと毎日走り回り、ドロだらけである。友だちといっても、幼稚園児から中学生までの異年齢の集団である。しかも、畑作の農家の子もいれば、酪農家の子どももいる。門前の小僧習わぬ経を詠むではないが、なまじ私たちのような都会育ちのおとなより、よほど物を知っている。

そんな子ども集団である。何をはじめるかわからない。私たちは眉をひそめてしまうようなことを、嬉々として楽しんでいる。臭くて近寄りがたいような堆肥の山に、手を突っ込んでいる。何をしているかと思えば、戦果はカブトムシの幼虫である。両手のひらにいっぱい載せて、私たちの鼻先に突きつける。子どもの顔は、じつにうれしそうに輝いている。庭の大きなもみじの木によじ登って叫んでいる。きれいな形に仕上げたドロ団子を、売るほど作って並べてよろこんでいる。わが家の4羽の鶏たちと追いかけっこをしている。私の大学の友人が遊びに来たときには、「女の子なのに、この子はこんなことで大丈夫かい？」と、真剣に心配してくれたものである。

女の子であろうと男の子であろうと同じことで、遊びとしてそして日常生活の体験として、あの生活はほんとうに願ってもないことだったように思っている。

❖地域の葬式

私たちの田園生活は娘の小学校入学から卒業までの、ちょうど6年間のことだった。その間に、一度だけ地域で葬式があった。わが家の属する隣組は8軒の家で構成されていたが、そのうちの1軒でお年寄りが亡くなったのである。

私もまだ30代で人生経験も少なく、それほど多くの葬式にかかわったことはなかった。ただ一般的に、葬式といえば地域の斎場などでおこなわれ、しかも専門の業者がとりしきってくれるものと思っていた。ところが、そうではなかったのである。とにかく数十年も時間が止まっているような地域なのである。その夜、やおら呼び出しがかかり、1年ごと持ち回りの組長のところに7軒の家の代表者が集まった。葬式の段取りを決めるのである。私以外は、そこで生まれ育った人たちだから、手際は良い。つぎつぎとスケジュールやら役割やらを決めていく。

私はなにをしてよいかもわからず、隅の方でおとなしくしていた。すると突然のご指名である。近藤さんは先生だから、受付を頼もうというのである。「近藤さんは先生だから」というのが理由を述べた部分らしいが、どういう理由になっているのだろう。想像するに、受付では字も書かなければならないが先生なら書けるだろうとか、受付では香典の多額の金銭を扱うが先生なら大丈夫だろう、といった理由なのだろう。しかし、字を知らない先生もいるし、金銭にルーズな先生だっている。しかも、どこの馬の骨かわからない借家住まいのインチキ教師である。信用して良いのか、と私は叫びたかった。

葬式はその準備から片付け、そして打ち上げまで入れると、延々と1週間ほど続いたように思う。各家から夫婦で出てきて、それぞれなにかしらの仕事を受け持つ。子どもも互いに世話したりしながらの、文字どおり地域を上げての大事業である。そんな地域の大切な行事の仲間に新参者の私たちをしてくださった皆さんには、今でも感謝の気持ちでいっぱいである。そして、数度の新年会や忘年会などを経て、私たち一家もすっかり地域の一員に受け入れていただいたのである。

隣組には大工さん、工場勤めのサラリーマン、トラックの運転手、専業農家など、さまざまな職業の人たちがいた。そして3世代以上の大家族もあれば、分家の若い家族もある。家々をむすぶ垣根にはさまれた細い路地は、もちろん舗装などしていない土の道である。雨が降れば泥だらけ、乾けば土ぼこり。秋になれば落ち葉の山。庭に出てビールを飲みながらバーベキューなどやっていると、通りかかった隣のおじさんがちょっと寄って一杯やっていく。

私たちも若くて元気が良かった。時代も今とは違った、というようにも思える。しかし、たったの15年程前のことなのである。私たち夫婦のような人付き合いのへたな常識知らずが、あんなに幸せな生活を体験できたのも、やはり地域の力だったのではないかと思っているのである。

❖死後の清め

昨年の夏、義理の父が亡くなった。もう数年前から入院していたのだが、いざ亡くなってみると心の中にぽっかりと空間ができたような気持ちである。妻の父親で、私たちと一緒に暮らしていたわけではない。それでも、心理的に一番近い距離にいた、大切な人のひとりだった。いろいろな意味で、いよいよ自分たちの順番が回ってきた、といった気分なのだ。

もう長くはないかもしれないという連絡を受けてから、私たち夫婦と娘と犬たちと家族総出で、病院の近くのホテルで過ごした。病院で死を迎えるのも非日常なら、観光旅行でもないのにホテルで10日間もすごすというのも、非日常的なできごとだ。そんな、非日常な中での、父の死だった。

考えてみると、亡くなるそのときまですぐそばに付き添ってみとった体験は、私はこれが初めてだった。しだいに意識がうすれていき、反応がとぎれとぎれになっていく。それでも、とくに苦しそうな様子はなく、規則正しく深い呼吸を繰り返している。孫たちは、そんなおじいちゃんを見て、手を握ったり足をさすったりして、反射的な反応があると語りかける。

「ほら、おじいちゃんはわかってるんだよ。ね、おじいちゃん。」

そのころにはもう、父は意識も朦朧としているようだったし、私たちの問いかけにも返事はなくなっていた。それでも生来頑健な父の肉体は、さいごまで「生きようとする力」を感じさせるものだった。肉体労働で鍛えられた厚い胸板は大きく上下しつづけ、内から湧き出る「生きようとする力」を私たちの目に焼き付けた。

父が死にゆく人であるということが、動かしがたい事実であるにもかかわらず、私はそのとき不思議なことに、父を不健康な人とは思えなかった。今でも父のつややかな肌と、大きく波打つ胸の動きが脳裏に浮かんでくる。父は健康を害して、86歳で死んでいったのだろうか。私にはそうは思えない。最後まで「生きようとする力」を示しつつ、元気に死んでいったように思われるのだ。

父のなくなった病院では、一切の延命措置はおこなわれなかった。唯一、透明なプラスティックのマスクが、酸素を送りつづけているだけだった。そして、父は最後まで「生きようとする力」を振り絞って、酸素を貪欲に吸いつづけていたように見えた。

それでも、ときに呼吸が停止してしまう。まわりのみんなで、身体を揺さぶったりして声をかけると、また規則的な呼吸が再開される。そんな繰り返しの後、本当に静かに静かに呼吸が止まったのだった。まさに、息をひきとるという表現がぴったりだった。死亡の確認がなされた後、ごく自然に看護婦さんから次女である私の妻と、長男の妻とに声がかけられた。妻たちは白いタオルを手にして、身体のすみずみまできれいに清めていった。言葉のとおり、本当にすみずみまでふき清める。鼻の穴にも、耳の穴にも脱脂綿を詰める。口の中も奥のほうまできれいにして、入れ歯をきちんと入れる。下半身もきれいにする。力を失った肛門に看護婦さんが手を差し入れ、便を残らず掻きだし脱脂綿を詰め込んでいく。そして、さいごにきれいな装束を身につけ、手を組みまぶたを閉じてようやくすべてが終わるのである。

どれくらいの時間が過ぎただろうか。みんな無言で、あらかじめリハーサルでもしていたかのように、手際よくこうした作業が続いていく。他の家族や、孫たちはベッドのまわりで身じろぎもせず、そうした様子を見守っている。その瞬間、私には死の直前まで無機質な古びた病室に過ぎなかった空間が、まったく違ったものに感じられた。そのときベッドの上には、暖かい一筋の朝日の差し込んでいたことが今でも思い出される。父の身体は生前と比べて、一まわりも二まわり小さくなったように見えた。全身全霊、身体中の「生きようとする力」を出し切って、生ききったのだろう。深く静かな休息に入ったように感じられた。活発に動いていた肉体は動きを止め、しだいに冷たく、硬くなっていった。

医学的にいえば、はっきりとした診断名のつく病気があって、それによって父はなくなった。それはたしかに間違いない。しかし、私は父がさいごのさいごまで「生きようとする力」を出し切って、生きつづけていたように思える。病気で亡くなったのかもしれないが、「健康に死んでいった」ように思えるのだ。

私は、家族が参加するかたちでの死後の清めは、ごく普通のことなのかと思っていた。ところがじつは一般の病棟では、それほど普通におこなわれているのではないという(朝日新聞「くらし・死後の清めを家族で」2001年11月1日)。朝日新聞の記事によれば、藤田保健衛生大学病院の呼吸器内科の病棟では、こうした家族参加の死後の処置を1999年からおこなっているそうだ。処置に参加しなかった1998年の患者家族と、処置に参加した1999年の患者家族に満足度を聞いてみたところ、「処置に満足した」のは不参加家族で69%だったのに対して、参加家族では97%だったという。

私自身、処置の場に立ち会ってよかったと思っている。死を受け入れていくプロセスの第一歩として、とても大切なもののように思える。もちろん、その後には通夜があり、告別式があった。そして、火葬があり、その骨を拾い集め骨壺に納め、その骨壺を墓石の下に安置した。

このプロセスは、生きていた肉体が、何時間も何日もかけて少しずつ「物質」へと形を変えていく時間の流れそのものだ。双方向性のコミュニケーションをする人間という存在が、火葬され、納骨される「物質」に姿を変えていく。今まで生きていた人間が、死んで突然「物質」になるのではないのである。

「いのち教育」を提唱している上越教育大学の得丸定子氏は、「親たちも、死の見取りや死別の悲しみや辛さを味わった体験が少ない世代の人たち」だから、親たちには社会・生涯教育での教育を、子どもへの教育は学校でおこなう必要があると述べている。そして、「それらが功を奏するならば、最終的には家庭での「いのち教育」が可能になるかもしれません」という。しかし「一夏の経験」をした私としては、親たちおとなたちの教育は実地になされなければ功を奏することはないのではないかと思う。また、実地教育であれば、その場には子どもも居合わせる。実際、義理の父の死でも、私たちと一緒に娘たちの世代も、死を受け入れるプロセスを体験した。

「いのちの教育」のうちでも「死の教育」は、家族や親類、地域、医療、宗教など、多様な立場の人たちの力が欠かせないのではないかと、あらためて思うのである。

4　テレビとゲーム

❖テレビは出してくるもの

私が小学生の低学年のころ、はじめテレビは街頭で見るものだった。力道山がルーテーズと戦っていた。その後、小学校の高学年になると、テレビは見に行くものになった。近所でいち早くテレビを購入した家に、見せてもらいに行くのである。

夕飯を食べ終わると、近所の子どもたちが三々五々あつまってきて、目当ての家をたずねる。

「テレビ見せてくださーい！」

とリズムをつけながら呼びかけ、あがりこむ。

「ボール取らせてくださーい！」

と同じノリである。

子どもたちのお気に入り番組は、「名犬ラッシー」であったり「ヒマナ氏飛び出す」であった。薄暗く灯りを落とした部屋に、１０人以上の子どもやおとなが固唾を飲んで画面に食い入る。ある時期、各地で見られた光景であったと思う。

その後、しだいに電化製品が普及し始め、テレビも一家に一台の時代となった。私が結婚したとき、当然家財道具としてテレビを購入した。テレビを見に行った世代としては、テレビが自分の家にあるということは、信じられないほどの贅沢と感じられた。しかも、自分は親に従属している子どもではなく、テレビ購入の出資者である。好きなときに好きなだけテレビを見る権利がある。テレビを見だすと、きりがない。読書の時間は削られる。夫婦の会話も少なくなる。テレビを見ながら食事をするに至って、これはまずい、このままでは私たちはテレビに支配されてしまう、そんなふうに真剣に危機感をおぼえた。

子どもが生まれてしばらくは、子ども中心に生活が動く。泣いたり笑ったり、便が出なかったり、出すぎたり。はいはいをはじめたり、歩きはじめたり、言葉をおぼえたりでテレビどころではなかったのだ。ところがやがてゆとりが出てくるとともに、子ども自体がテレビに関心を向け始めた。はじめのころは無理にスイッチを切って、親もがまんをして頑張ってみたが、やがてそうもいかなくなる。子どもが自分でスイッチを入れてしまい、好きなところへチャンネルを回してしまう。

そこで苦肉の策で考え出したのが、テレビをしまうという方法である。さいわいに私たちのテレビは14インチの小さなものだった。アンテナのケーブルをはずし、コンセントを抜いて押入れにかたづけてしまった。家族の誰かがテレビを見たくなったら、自分で押入れから出して台の上にセットし、アンテナをつないでコンセントを差すという準備をしなければならない。小さなテレビと入っても、ちょっとした大きさと重さである。それを押入れから出してきてセットするのは、子どもにはちょっとしんどい仕事であったろう。

とたんにわが家のテレビ視聴時間は短くなった。とくに冬場はほとんど見なくなった。3人ともコタツに入っていると、お互いに押し付けあって誰もテレビを取りに行こうとしない。あなた行ってよ、君が行けよ、お父さん行ってよ、お前が行けば良いだろ、などと言い合っているうちに番組は進み、やがて視聴の意欲も減退してしまうのであった。

すわったままリモコンひとつで操作できる環境では、テレビ視聴をコントロールするのはほとんど困難だと思う。子どものテレビ漬けを何とかしたいと思っている家庭には、押入れにしまう方法を試して見られることをすすめたい。ただし、親もテレビを見ないでがまんできなくては話が進まないのは当然である。しかもこの方法は、一家に一台のテレビしかない家庭に限られるので、あまり現実的ではないかもしれない。

つい最近わが家で実践した方法は、もう少し現実的かもしれない。リビングにビデオ・プロジェクターと大型のスクリーンをセットするのである。この場合テレビを見るためには、ソファーやテーブルを片付け、スクリーンを天井から引っぱって出してセットし、プロジェクターを部屋のスミから出して位置を決める、という手順が必要になる。これまた結構面倒な手間がかかるので、「よーし見るぞ」といった気合が入らないとテレビ視聴までこぎつけない。視聴時間は必然的に短くなるのである。

いずれにしても、「テレビは出してくるもの」が成功の合言葉である。

✣ドラゴンクエスト

テレビゲームといえばファミコンという時代がかつてあった。そのころ、テレビゲーム界で一世を風靡したのは、やはりスーパーマリオ・ブラザーズとドラゴンクエストだったのではなかろうか。

スーパーマリオは指先のすばやい動きが勝負を決するタイプのゲームで、私はどうも標準のレベルに達することができなかった。自分としては動きが鈍いとも、反射能力に欠けているとも思わないのだが、他人とくらべると点数に歴然たる差がでるのだからしかたがない。

一方、ドラゴンクエストは、いわゆるロールプレイング・ゲームで、とにかく時間は好きなだけ使ってよく、自分のペースでゲームの世界に没頭できる。ロールプレイングといえば、カウンセラーになるための訓練方法としても欠かすことのできない技法である。翻訳すれば役割演技ということで、誰かの役割を演じつつその人になりきってその心理を理解しようとするものである。

ドラゴンクエストはゲームであるから、その主人公の役割を演じつつも心理は理解しなくてもよい。そう考えれば、真の意味でロールプレイをしているわけではなく、本当に形式的・表面的に役割を演じているに過ぎないともいえる。そうはいっても、実際にやりはじめると、いつのまにかのめりこんでしまうから不思議である。すばやく結果が出て、やり直すごとに腕が上がって、どんどん先までクリアできるようになるスーパーマリオのほうが、向いている人もいるであろう。が、私の場合はドラゴンクエストが性にあっていたのであろう。テレビを押入れから出し、ファミコンをつないでセットする。そして、いったんはじめると止まらないのである。

このゲームは主人公が旅を続けながら、さまざまな敵と戦いそのつど腕を上げながら、やがてドラゴンと戦いそれを倒すという設定である。主人公には名前がある。しかもゲームをする人自身が、その主人公に名前を付けるのである。主人公に命名し、彼の歩みと人生をコントロールし、彼の命運をにぎる神の役割を自分が担うのだ。全能感を味わうことができるといってもよい。精巧につくられたテレビゲームが、子どもたちや若者たちをとりこにしてしまうメカニズムは、この全能感が鍵になっているようにも思える。現実の世界では、まるで全能感とは正反対の無力感や脱力感のもとで生活している彼らにとって、テレビゲームの世界に入って全能の神になることは、麻薬のもたらす快楽を得るようなものなのかもしれない。

さて、私はといえば、やはりドラゴンクエストのとりことなってしまった。しかも当時小学校の高学年だった娘を巻き込んで、親子で戦いの道へと旅立ったのである。長く苦しい戦いだった。私たちは「ドラゴンクエスト・ノート」なるものを作成した。大学ノートに、その日の戦いの足跡を克明に記録する。親子での戦いの旅といっても、実際にゲーム機を操作するときはひとりっきりのことが多い。2人の生活時間が違うからである。そこで、お互いがその日の戦果や、失敗、気をつけるべき落とし穴、新たに学んだ技術などを、ノートに記録しておくのである。翌日、2人のどちらがゲームを続けるにしても、そのノートは戦いの貴重な道標となるのである。

とにかく長く厳しい旅路だった。約2ヶ月というもの、父娘ふたりで、あるいは互いにひとり孤独に戦いつづけた。終局に至ってドラゴンと直接対決するようになってからも、戦いの厳しさは変わらず、私はこのゲームを勝利のうちに終わるのはほとんど不可能なのではないかとさえ思った。何度あきらめようとしたかもわからない。そのたびに、幼い娘がドラゴンに果敢に戦いを挑みぶつかっていく姿に励まされ、私もまたゲーム機に向かうのだった。

そして、いよいよドラゴンを追い詰めた日のことは、いまだに忘れられない。虫の知らせとでもいうのだろうか、その日は示し合わせたかのように2人並んでテレビに向かった。いよいよ最後の最後、ドラゴンと戦い、倒れてはまた向かっていく。あれほど無敵と思われた強大な力を誇るドラゴンを、2人の力でついに倒したのである。その瞬間、鳴り響く祝勝の大交響曲。感動的なメロディー。両の目に涙がにじむのを、こらえることができなかった。

そのとき、記念に購入したドラゴンクエストのカセットテープを聞くと、いまでもあの日娘と手を取り合って勝利の喜びを分かち合った、その瞬間が鮮明によみがえってくるのである。

❖限定的に肯定し、限定的に否定する

「非行少年」という言葉が嫌いである。私は中学生のころ、飛行機作りに夢中になっていた。だからといって「飛行少年」と呼ばれたかといえば、そんな呼び方はだれもしなかった。それは、ただ「飛行機をよくつくっている少年」にすぎなかったからである。

同じように、世間で「非行少年」と呼ばれる少年は、非行をしばしばおこなう、あるいはおこなってしまう少年なのだから、「非行をした少年」とか「非行傾向のある少年」などというべきであろう。

ぼくは頭が悪いから、第一志望の大学に入れなかった、などという言い方もよく聞く。この場合、頭が悪いというのは、ただ単に大学入試に良い点をとることができなかった、そのことを指し示しているに過ぎないはずである。

呼吸や目の動きにはじまって、指の動き、足の動きなど、無数の身体の動きは、ほかならぬ「頭」がつかさどっているのは自明のことである。その「頭が悪い」とは、大変なことのはずである。ニヤニヤ笑いながら、「ぼくは頭悪いんだ」などと言っている場合ではないはずなのである。言葉は正確に使わなければならない。「第一志望の大学に合格できる学力がなかった」と言って欲しい。無神経に「頭が悪い」などと言ってはいけないのである。

親子で言い争いになって、「お父さんなんか嫌い！」と叫ぶ娘がいたとする。ちょっと待て、と言いたい。お父さんを、全部否定してしまって良いのか。お父さんにも、たくさん良いところがあるだろう。いや、少しは良いところもあるに違いない。だとすれば、「お父さんなんか嫌い！」ではなくて、「○○なお父さんなんか嫌い！！」と部分否定にして欲しいのである。

テレビやマンガに夢中になっている子どもを見ると、「またくだらないものばかり見て。少しは勉強でもしなさい！」などと叫んでしまいたくなる人も多いだろう。しかし、テレビやマンガといえども、全否定してはいけない。すこしは子どもを信じて欲しい。信じるというのはこういうことである。子どもがそれほど熱心にテレビやマンガに取り組んでいるということは、そのなかに「部分的に良い点」があるのを知っていて、いわばその砂金探しのようなことを子どもはしているのである。おおむねくだらないかもしれないテレビやマンガの中から、子どもたちは隠され紛れ込んでいる砂金を拾い集め、それを自分の心の中に貯めようとしているのである。

これは大変な労力である。だから疲れてしまって、砂金とそうでないものとの区別がつかなくなって、いつのまにか砂金ではないものを子どもたちは拾い集めて喜んでいるかもしれない。そこで親の出番である。一緒にしっかりとテレビやマンガを鑑賞して欲しい。そして、部分否定するのである。この番組の、この部分、この表情、このセリフ、これはお父さんはいやだな、お母さんはおかしいと思うわ、と言って欲しいのである。同様に、砂金を見つけて欲しい。実にくだらない俗悪番組といわれるようなものであっても、かならず砂金が紛れ込んでいる。それを拾い集める。この姿勢、この言葉、この行動、これはお父さん感激したよ。お母さんはとても素晴らしいと思うわ、と限定的に肯定するのである。

こうした経験を積み重ねることによって、子どもが本来持っている砂金をより分ける能力に磨きがかかり、しかも親のものの見方や考え方、感じ方を伝えていけるのである。

私は、美少女とか美人という言い方も好きではない。そのようなレッテルを貼った瞬間、その女性のすべてを肯定してしまっているように、感じられるからである。うっかり信じて騙されて、人生を誤る人もいるではないか。

全否定や全肯定は、差別や偏見につながる。部分否定や部分肯定を私たちは大切にしなければならないのである。

5　ありふれた生活

❖キャンプ旅行

私たちが大学生だったころは、日本中あるいは世界中で学生たちがハネテいた。パリのカルチェラタンの闘争もあったし、お隣の中国では紅衛兵たちが一大勢力となっていた。私たちの周囲では、マルクスの『資本論』を読んでいないと馬鹿にされ、誰もが左手に「少年マガジン」を、そして右手に「朝日ジャーナル」を握って議論に夢中になっていた。土曜日の夜はかならず新宿駅の西口に行って集会に参加し、デモ行進でありあまるエネルギーを燃焼させていた。

そんな学生時代がおわり、自然に数人の仲間とよく山へ入るようになった。山登りというより、山に入るという表現がしっくりくる。普段の週末は、日帰りや1泊2日の足慣らしである。少し長い休みが取れると、とにかく大きなリュックサックにありとあらゆる食料とアルコールを詰め込んで、山へ入るのである。1週間になることもあるし10日になることもある。ほとんど計画らしい計画もないし、目的地もないにひとしい。20キログラムちかいリュックを背負って、ひたすら毎日山稜を歩きつづけるのであった。今にして思うと、ありあまるエネルギーをただ燃焼させることが目的だったのかもしれない。

やがてふとした出会いから、ひとりの女性と暮らすようになると、これまた自然なりゆきで、ふたり暇さえあれば山に入った。そのうち私たちにも子どもができた。そして私たちは、三人ででかけるために中古のワンボックス・カーを購入した。家族三人で、休みになると走り回った。走って日が暮れると、キャンプである。テントを張れる場所があればテントで寝る。なければ車がそのままベッドになる。そのためのワンボックス・カーであった。

車によるキャンプの要素は三つある。第一が、走ることであり移動することである。とにかく走る。一日10時間以上走ることもよくある。第二の要素は、寝ることである。寝る場所を確保できなければ、キャンプはそこで終了である。とにかく寝心地の良さそうな場所を見つけなければならない。キャンプ場が見つかれば、そのなかでもっとも快適そうな場所を占拠しようと努力する。キャンプ場がない場合は、しかたがないので河原や山すそや空き地の良さそうなところを求めて、走りつづけなければならない。明るいうちに見つけられないと悲惨である。だから必死で走る。

さて、キャンプ生活の第三の要素は、食べることである。最小限の水と火で、体力と精神力を維持するための食事を作らなくてはならない。しかもおいしく楽しい食事が鉄則である。なんといっても、走ることと寝ること意外は、食べることしかないのである。簡単でおいしい食事を一所懸命工夫したものである。それでもしばしば缶詰を開けて、炊きたてのご飯でいただくという食事もあった。いまでも缶詰のさばの味噌煮などを食べると、キャンプを思い出してしまうのである。

わが家では、旅館やホテル泊まりの家族旅行というものにはついぞ縁がない。動物たちと一緒に暮らしているから、旅行といえばキャンプなのである。しかもキャンプといえば、３週間は帰ってこない。私は普段から便秘傾向があるのだが、不思議とキャンプに出かけて数日するとスッキリしてしまう。風邪も治ってしまう。日の出とともに起き、日没とともに眠るキャンプ生活ははじめの2、３日はつらい。しかしこのサイクルになじむと、身体のなかの自己治癒力が目を覚ますのだろうか。

キャンプの醍醐味は、帰宅したその瞬間に最高潮に達する。家に到着する。まず自分たちに家のあることが感動である。全国を旅していると食料や生活用品を調達するために、スーパーやデパートなどに行くこともある。そのとき寂しい思いをするのである。私たちと同じような家族連れが、うれしそうに買い物を済ませて駐車場の車に乗り込んでいく。彼らの向かう先は、自分たちの家である。私たちも同じように駐車場のワンボックス・カーに乗り込む。しかし私たちの帰る家はない。少なくともその近くにはない。私たちは、また放浪の旅へと旅発つのである。

そんなわけで、帰宅したその瞬間、自分たちの家の玄関に立ったとき、

「あー、帰ってきたんんだ。帰る家があったんだ。」

という安堵とよろこびの感情が、胸を突き上げてくるのである。そして、スイッチに手を伸ばし電灯をともす。なんという明るさ。おどろきの明るさである。台所へ行く、蛇口をひねる。水が出る。いくらでも出る。しかも流しに立つ私の後ろに、順番を待つ人はいない。私の専用の水道である。感動。ふと、トイレに向かう。トイレもわれわれの専用だ。しかも家の中にある。テントを出て暗い夜道を歩いていかなくても、すぐそこにトイレがある。いつでも行ける。夜中にガマンしなくてもいいのだ。感動。しかも、家は広い。タタミ2畳ほどのテントとは雲泥の差だ。天国と地獄だ。とにかく広い。しかも、しかもだ、立って歩ける。立てるのである。歩けるのである。

いまでも、キャンプ旅行から帰宅したときの、あの感動の夜のことは忘れることができない。普通の生活、あたりまえのこと、そう思っているいつものありふれた暮らしが、なんとありがたくいとおしく思えることか。生きていることのうれしさを、心のそこから実感する夜であった。

❖食べること

食べることは重要である。ふつうに食べることが重要である。特別な食べ方と、ふつうの食べ方の違いはどこにあるのか。考察の視点は、三つある。

まず第1に、どこで食べるのかという点が重要なポイントである。自宅で食べるのか、レストランで食べるのか。公園のベンチか、野原の草の上か、車の中か。まさか、よほどの事情がない限り、トイレの中で食べるということはまれであろうが、とにかく食べるときの場所は十分検討すべき課題である。

場所によって、そこに適した食べるものの形体や種類も違ってくる。サンドイッチかおにぎりか。うどんかそばかスパゲッティか。親子丼か牛丼かさえ、場所によって左右される。それが証拠に、牛丼のファーストフード・チェーンがあれほど日本中にあふれているではないか。どこでも場所を選ばないなら、親子丼やカツ丼やウナ丼のチェーンが、それぞれはやってもよさそうなものである。そこには深い理由があるのである。

私の研究室に、できたてのアツアツのハンバーガーを持って入ってくる学生がいる。包装が不完全なタクアンを満員の電車に持ち込むようなもので、やはり食べ物と場所の関係性は重要なポイントである。

第2のポイントは、いつ食べるのかである。腹が減ってはいくさができぬ、という言葉がある。いくさをするわけではないが、学校へ行くこと職場へ行くことは、ある意味で戦いではある。しかたがないから学校へいくさ、というわけではあるまいが、良い悪いは別として戦いの面があることを否定することはできない。だとすれば、やはり出かける前に食べなければならない。食べなければ、出るものも出ない。いや、力が出ないのである。

第3のポイントは、だれと食べるのかである。私は、朝食はおおむね家族3人で食べている。だれと食べるのかは、「どこで」「いつ」と関係しているようである。昼食は大学の教職員食堂で、ひとりで食べるのが常である。ひとりで研究上のことや講義のことを考え、食後はキャンパスをゆっくりと散歩する。そのためには、昼はひとりで食するのが良いのである。

もうひとつ付け加えておこう。どのくらい食べるのかである。過ぎたるは及ばざるが如し、という言葉があるように食べ過ぎてはいけない。この言葉はもともと、食べ過ぎて下痢してしまっては元も子もないという、だれかの経験から考え出されたのではないだろうか。過ぎてはいけないとはいえ、足りないのもまたまずい。腹八分目というが、それは微妙なところである。というのは、二分の隙間を感じると、そこを埋めたくなってしまうからである。食後にすぐ別のものを食べたくなる。甘いものは別腹、とかいいながら結局八分で我慢した苦労を台無しにしてしまう。

私の結論としては、腹九分目が理想である。一杯一杯のぎりぎり手前、しかも充分な満足感、隙間は感じられない。きっちり食べた、という実感が大切である。そして、「あーおいしかった。おなか一杯だ」と、家族で顔を見合わせて幸せをかみしめたい。

✣食べるもの

何を食べるか、どんな食材を選ぶか、これまた難問である。食材を手に入れるための方法でいえば、自分自身で野菜を作り、鶏や豚を飼育し、海川で魚を獲って暮らすのがひとつの理想かもしれない。しかし、私にはできないし、やるつもりもない。せいぜい妻をそそのかして庭の片隅でハーブを作らせるくらいのものである。

やはり現実には、買うしかない。するとつぎの課題は、どこで買うかである。わが家はこれまで引越しを繰り返してきたので、そのつどそうした課題をクリアしながらやってきたことになる。あるところでは、もっぱら生活協同組合の店舗で購入していた。また別のところでは、無農薬で栽培している方から野菜を購入し、蛋白源は放し飼いの鶏の卵を届けていただくという形をとったこともある。もちろん、それらだけでは日常の食料のすべてが揃わないので、仕方なく近所のスーパーで不足分を補うのである。

現在の家に住んで2年になるが、私たちはここで近くにお気に入りのスーパーを見つけた。こじんまりしたスペースに、所狭しと商品が並べてあるのは、どこでも見る光景である。ちがうのは、並べてある商品に偏りがあることである。魚類は10種類くらいしか陳列していない。そのかわりチーズは種類が豊富である。子どもが喜びそうな菓子類は少ないが、ジャムや紅茶は私たちの好みのものがきっちり揃っている。ビールは申し訳程度しかないが、ワインの種類はかなりのものである。といった具合に、かなり偏りのある店、あるいはクセのある店であるといってもよい。

なぜこの店が気に入っているかというと、いくつかの理由がある。私たちは夫婦で食料の買出しに行くことが多いので、疲れやすい私にとって広い店は避けたい。同じ理由で、うるさく音楽がかかっていたり、人がむやみに多いところも避けたい。この店はとにかく小さくて静かなのである。そして、狭いけれども駐車場もちゃんとある。働いている若い人たちが、生き生きと輝いている。しかも、ひとりの女性がレジで計算した後、別の女性が手際よく袋詰めをしてくれる。野菜や果物がどれを選んでも、腐っていたことはないし、古いものもない。トマトはトマトの味がするし、かぼちゃは甘くホクホクしている。りんごもイチゴも、間違ったことはない。どれをとっても、必ずおいしいのである。

今のところ、わが家にとってこのスーパーはかけがえのない存在である。手軽に間違いのない食材を手に入れられるところとは、そう簡単に出会えないのである。

6　意識の底にあること

ここでは、自分自身の育ってきた過程やいまの家庭生活、そして子どもを育ててきて感じたことなどをエッセイ風に綴ってきた。自分で読み直してみて思うのは、やはり自分自身の育ち方が、その後の生活にどれほど大きく反映しているかということである。

私は第二次世界大戦が終わったばかりの、昭和23年にこの世に生を受けた。いわゆる戦後のベビーブームの世代である。そして私より四年遅れて妹が生まれた。不在にしていた母がしばらくぶりに帰宅して、ほらあなたの妹よ、あなたは今日からお兄ちゃんよ、と対面させられたとき、なんだか恥ずかしいようなうれしいような、不思議な気持ちがしたように思い出すことができる。妹との幼い日々の暮らし、遊んだりけんかをした経験も、今にして思えば本当に貴重なものだったのだと思う。そのころ父親は東京の中央区に勤めていたが、都内に適当な住宅を見つけることができず、わが家は山手線の駅から1時間以上私鉄でいったところにあって、通勤が大変だったそうである。それでも、私が生まれてまもなく都内に住居を構えることができるようになり、私自身は幼少期の多くの時期を中央線沿線ですごすことになった。私が育った荻窪や高円寺のあたりは、すでに住宅が密集する地域であったが、すこし駅と反対方向に歩けば、まだまだ田んぼや畑が広がっているようなところだった。今から50年も前のことである。

やがて幼稚園に通う年齢になった。当時、母親は愛読していた婦人雑誌や育児雑誌、そしてそこから広がったネットワークから得た情報で、幼児教育についてなみなみならぬ関心をもっていたらしい。そこで白羽の矢を立てたのが、羽仁もと子の自由学園である。そのころ自由学園は目白にあり、私は電車通園をすることになった。荻窪駅から中央線に乗り、新宿で山手線に乗り換えて目白へ通う。断片的な記憶の中に、込み合う新宿駅のホームでともだちと追いかけっこやかくれんぼをして遊んだのを、思い出すことができる。小さな幼稚園児が、あの人ごみの新宿駅でかくれんぼをしている情景を思い描いてみて欲しい。しかも、今からちょうど50年ほど前のことである。

とにかく、私は自由学園の幼稚園である幼児生活団というところに通っていた。自由学園は1920年代に設立された、いわゆる新教育、自由教育のながれをくむ私立の学校である。自由学園がスタートしたころは、大正デモクラシーの一大運動が広がっていた時代で、その教育領域での活動が自由教育なのだった。今も東京の郊外に、幼児生活団から大学までの総合学園として存在している。

その教育理念は、子ども中心であり、生活主義に基づく子どもの自己活動や、情操教育を重視したものである。私に思い出されるのは、つらかったバイオリンのけいこのことや、鶏小屋に入っていって掃除したり卵を取ってきたこと、図画工作の時間に隣の子のいたずらで作品を台無しにされて泣いてしまったことくらいである。あとは、園庭でなにか植物を育てていたような気もするし、クリスマス会や誕生会でなにか晴れがましい体験をしたような気もするが、はっきりとは思い出せない。

そんなぐあいで、私にとって幼い日々の幼稚園での体験というのは、明確なイメージで想いおこしたり、それを言葉で表現することはできない。きわめて断片的で、印象的あるいは象徴的なものとしてしか、意識の上に引き出すことができないのである。しかしそれらは、幼い日々の母や父、そして四つ年下の妹との家庭生活、戦後間もない東京の地域社会での体験とあいまって、まちがいなく私の感じ方や考え方やものの見方、そして行動の仕方などを、心の一番奥底で支配しているように思えてならないのである。いのちを学ぶということは、そういうことなのかもしれない。

書き終えてみると、章のはじめで言っていた「理論化できていないのでエッセイで」というのは、誤りであったような気がする。そもそも、家庭生活から出てくる知恵を「理論化」することは無理な話なのかもしれない。こうした形が、ベストなのかもしれないと思うのである。

あとがき

本書は『いのちを学ぶ・いのちを教える』と題して、子どもがいのちの大切さをどのようにして学び、おとなはその時どのような手助けができるのかを考えてきた。したがって、あくまでも主体は子ども本人である。子どもがいのちを学ぶのである。

ただ、現代社会には無数の情報があふれているし、おとなたちも自分自身の生活に追われている。しかも本来必要と思われる情報は少なく、不必要で有害とも思われる情報ばかりが氾濫している。情報は仮想の現実として子どもたちを取り囲み、作り物の世界観を植えつけてしまうかもしれない。もともと空想の世界と現実の生活を、行き来して暮らしている子どもたちは、そこに紛れ込んだ仮想の世界によって、それらの境界をますますあいまいにされてしまう。

こうした状況を認識し、おとなは親としてあるいは教師としての立場と役割を、はっきりと自覚しなおさなければならない。子どもがいのちを学ぶことを、おとなが意図的に後押ししなければならないように思うのである。

「いのちを学ぶ」というのは、子どもの主体性を最大限に生かす子ども自身の行為である。子どもは成長過程における自然のなりゆきとして、いのちとは何か、いのちの秘密はどこにあるのか、生きているとはどういうことか、死とはなにかなどの疑問にぶつかる。人間として目覚め、自覚的に生きていこうとしたとき、こうした根源的な問いに到達するのは、きわめて自然なプロセスであろう。その問いに答えようとして、子どもたちは悪戦苦闘する。ある子どもは成長の過程で、きわめてゆるやかに、そして無理のない形で家族と共にその問いに取り組んでいく。別の子どもは、家族との協働のプロセスはたどれなかったものの、友だちや仲間との関係の中でいのちを考える時間を共有する。また別の子どもは、学校で先生と出会いクラスメートと出会う中で、共に考え、共に悩み、苦しみを乗り越えていく。そして、それらのいずれの出会いもなく、根源的な問に取り組む時間をだれとも共有できなかった子どもたちは、悲劇的で絶望的な道を歩むことになるのだろう。

本書の内容から考えると、「いのちを教える」というタイトルの言葉は、誤解を招くかもしれない。本文でも述べたように、「いのちを教える」ときの「教える」というのは、家庭でさまざまなルールを教えたり、学校で教科を教えたりすることとは意味が違う。一般的な意味で言うところの「教える」ではなくて、共に考える、一緒に悩む、みんなで心を動かす、と言った意味である。したがって、むしろ「教えあう」と言った方がしっくりくるかもしれない。ただ、そうしたことを承知の上で「教える」という表現をとったのは、この行為に能動的におとなが取り組んで欲しい、取り組むべきだと言う思いを込めたかったからである。積極的な態度で、意図的ににおとながいのちを教えて欲しいのである。

私は、夏休みの宿題をなかなかやらずに、最後に大騒ぎをするような子どもだった。おとなになってからも、その傾向はなかなか修正されず、原稿の執筆も締め切りのぎりぎりきわどいところで間に合えば良しとしている。

夏休みといえば、海や山へ出かけることも多いが、目的地へ着く前から帰り道の心配をあれこれしている人をみると、楽しみが色あせてしまうのではないかと、余計な心配が胸をよぎる。マイカーを新車で購入しても、次に買い換えるとき下取り価格に響くといけないからと、室内が汚れないように保護用のビニールをはがさずに使っている人がいる。素晴らしい木目のテーブルをダイニングで使っているのに、透明なビニール製のテーブル掛けをしている人がいる。

「今、その時」をどれだけ充実して過ごすかが、一番大切なことではないのだろうか。今この瞬間は二度とないし、人生は一度きりだ。今年の夏は、これっきりなのである。

「楽をしたい」とか「楽に生きたい」という言い方もよく耳にする。たしかに、難治性の疾患で痛みがひどいとか苦しいという状況下では、少しでも楽になってもらいたいと思うし、自分自身がそうなれば楽になりたいと思うであろう。しかし、普通に生活している中で、「楽かどうか」を行動の尺度にしているのは、ちょっと寂しい気がする。

無心に遊びまわっていた子どものころ、私たちは「楽かどうか」ではなく、「充実しているかどうか」を基準にしていたはずである。疲れようが、少々痛かろうが、苦しかろうが、その瞬間が楽しくてしかたがなかった。夢中で走り回り、叫び、笑い、泣いていた。そんなに夢中になっていたら後で疲れるよ、というのはおとなの発想である。「ほうら、あんなにはしゃいでいたものだから、興奮して夜眠れないでしょう!」というのは、冷めたおとなの見方にすぎない。子どもは、眠るときのことを考えて昼間遊んでいるわけではない。その瞬間が楽しくてしかたがないから、遊んでいるのだ。

人は人生の大きなできごとについて、いろいろと準備をする。受験の準備をするし、就職の準備、結婚の準備、出産の準備をする。それなのに、人生で一番大きくて大切なできごとである死を準備しないのはおかしい、という意見がある。

私は、この考え方は根本的に誤っていると思う。人生は準備をしてはいけないのである。そもそも私たちは、準備をして生まれてきたのではない。気がついたら、ここにいた。気がついたら、この世の人になっていたのである。生きるということは、熱くほとばしるエネルギーの発散であり、ぶつかりあいである。つぎの瞬間に何が起こるかわからない。その瞬間、瞬間を大切にしなければならない。つぎの一瞬に大地震が起こって、世界が終わってしまうかもしれない。だからこそ、瞬間瞬間を大切にして、充実した時間を過ごしたい。そうすれば結果的に、去年より今年、昨日より今日、さっきより今が、少しでも前へ進んでいることになる。

私は、世間で言うような受験の準備をしなかった。就職の準備も、結婚の準備もしなかった。勉強は受験のためにしたのではなく、理解を深め、知識を広めたいからした。就職の準備はしなかったけれど、いつのまにか仕事にはついていた。そして、気がついたら一緒に暮らす女性がそばにいた。それは運がよかったからですよ、といわれてしまうかもしれないが、その瞬間瞬間を楽しく充実した時間として感じていたことはまちがいがない。

とにかく、死があるから準備をしたり、死を考えて生を大切に生きようというのは、間違っていると思うのである。今、この瞬間の生を充実した楽しいものにすることが、一番大切なことで、その延長線上に結果としていつかは死が待っているだけのことである。

いのちの教育について、私はこうした思いをベースにして、これまでにも講演をしたり、論文を書いたりしてきた。そんな中で、この本はいのちの教育についての私にとって最初の単行本である。今日という日を新たな出発点として、これからもさらに考え続けていきたいし、多くの人たちと意見を交換したいと願っている。

最後に、本書のスタートから完成まで根気強くお付き合いくださった、大修館書店編集部の山川雅弘氏に深く感謝したい。また、子どもといのちの教育研究会の会員の皆様、運営委員の皆様、さらには種々の場で意見を交換し時間を共有してくださった皆様に御礼を申し上げ筆を置くことにしたい。もちろん、妻と娘とブルとメメにも感謝しつつ。

近藤　卓

〈著者紹介〉
近藤　卓（こんどう　たく）
1948年生まれ。東京大学大学院教育学研究科博士課程修了。専門は，健康教育学，臨床心理学。中学校・高等学校のスクール・カウンセラー，青少年のグループ・セラピーなどの実践の後，1993年から1995年までロンドン大学精神医学教室客員研究員。現在，東海大学文学部心理・社会学科教授。臨床心理士，学術博士。

〈おもな著書〉
『事例研究の方法としての～かかわり連関法』学事出版，1988年
『かかわりのメンタルヘルス』（共著）学事出版，1988年
『生活習慣と健康』（共著）HBJ出版局，1989年
『保健医療と福祉の統合をめざして』（共著）垣内出版，1989年
『新しい学校保健』（共著）建ぱく社，1990年
『見つめられ欲求と子ども』大修館書店，1990年
『教育心理臨床』（共著）星和書店，1991年
『ライフスタイルと健康』（共著）医学書院，1991年
『保育内容・健康』（共著）八千代出版，1993年
『養護教諭実務全集・健康情報』（共著）小学館プロダクション，1995年
『人間関係論』（共著）医学書院，1997年
『生活カウンセリング入門』大修館書店，1998年

いのちを学ぶ・いのちを教える

初版第1刷発行——2002年9月10日

著者——————近藤卓
発行者—————鈴木一行
発行所—————株式会社大修館書店
〒101-8466 東京都千代田区神田錦町3-24
電話03-3295-6231(販売部)　03-3294-2359(編集部)
振替00190-7-40504
[出版情報] http://www.taishukan.co.jp

装丁者—————平 昌司　表紙・イラスト——にしな のこ
印刷所—————広研印刷
製本所—————関山製本

ISBN4-469-26499-7　　Printed in Japan